［新版］

子どもが伸びる ポジティブ通知表 所見文例集

小学校6年

知識・技能

思考・判断・表現

主体的に学習に取り組む態度

小川 拓 編

G 学事出版

はじめに

　2020年4月に小学校で改訂学習指導要領が全面実施されてから、3年近くが過ぎました。高学年での「外国語」の導入、「外国語活動」の中学年への前倒し、「主体的・対話的で深い学び」等への対応に追われる一方、2020年初頭から始まったコロナ禍への対応等で、現場の先生方は大変な思いをされてきたことと思います。

　今般の改訂で、子供たちに育むべき力が「知識及び技能」「思考力、判断力、表現力等」「学びに向かう力、人間性等」の「資質・能力の三つの柱」に整理され、「評価」の方法も大きく変わりました。具体的に、これまで4観点だった評価規準が3観点に整理され、指導要録の作成、さらには通知表の作成も、この「資質・能力の三つの柱」に基づいて行われることになりました。この新しい評価をどう進めていけばよいのか、いまだに頭を悩ませている先生方もいることでしょう。その基本的な考え方を本書の「PART 1　解説 現行学習指導要領における学習評価と所見」（P.9～）にまとめましたので、参考になさってください。

　もう一つ、見逃してはいけないのは、通知表の所見欄の記述方法です。通知表に書く所見文は、当然のことながら形成的評価、総括的評価等と整合性が取れていなければなりません。つまり、所見文も新しい評価規準である「知識・技能」「思考・判断・表現」「主体的に学習に取り組む態度」の3観点に準じる形で、書いていく必要があるのです。

　そうした観点から、学年別の模範文例を収録した『子どもが伸びるポジティブ通知表所見文例集』を2020年4月に刊行しましたが、それからの3年間で学校を取り巻く状況は大きく変わりました。「GIGAスクール構想」の推進で1人1台端末が配備され、ICTを活用した授業が多くの教科で展開されるようになりました。また、新型コロナウイルスの拡大防止のため、いまだ多くの学習活動が制限を受けています。

　そうした状況を受け、今回前掲書籍をリニューアルし、『新版 子どもが伸びるポジティブ通知表所見文例集』を刊行することとなりました。前回版から収録文例数も増え、「ICTの活用」や「感染症拡大防止」等の新たな課題にも対応しています。

　前回版と同じく、「PART 2　通知表・指導要録の「総合所見」で使える文例」（P.19～）は、「行動特性」に関する文例と「学習面の特性」に関する文例が収録されています。「行動特性」の文例は、「基本的な生活習慣」「健康・体力の向上」等、指導要録の「行動の記録」の10項目に沿って収録されており、「学習面の特性」の文例は上述した「3観点」に沿って収録されています。つまり、「行動特性」の文例と「学習面の特性」の文例を組み合わせて記述すれば、指導要録にも転用できる、バランスの取れた総合所見文が出来上がります。

　学校現場が大変な状況にある中、本書の活用を通じて各先生が児童と共に過ごす時間が少しでも増え、評価の充実と子どもたちの健やかな成長に寄与することを願っております。

　2023年1月

　　　　　　　　　　　　　　　　　　　　　　　　　　　　小川　拓

本書の使い方

 総合所見の作成方法 ||||||||||||||||||||||||||||||||||

　通知表の総合所見は、子どもの**行動面の特性**と**学習面の特性**の両方を入れると、バランスの取れた内容になります。そのために、本書は次のような流れでご使用ください。

STEP1 ▶「行動面の特性」に関わる文例を選ぶ

　PART2 の「1 ポジティブな行動特性」（P20〜44）または「2 ネガティブな行動特性」（P45〜51）の中から 1 文を選びます。

1 ポジティブな行動特性（P20〜44）

> **1「ポジティブな行動特性」に関わる文例**
> **(1)「基本的な生活習慣」が身に付いている**児童の所見文
>
> 主な行動特性：手洗い・うがいをする／忘れ物をしない／前を向いて話を聞く／礼儀正しい／丁寧な言葉遣い／すすんであいさつをする／「5分前行動」ができる／整理整頓ができる／時間を守る／学校のルールを守る／規則正しい生活が送れる／チャイム着席ができる
>
> ハンカチやティッシュを忘れることなく準備していました。休み時間が終わった後や給食前の手洗い・うがいもし〔**この文例を選択**〕た。感染症対策を意識した生活習慣が身に
>
> 忘れ物をすることなく登校しています。身の回りもいつも整頓されていて、学習用具の準備もできています。小学校生活を通して身に付けなければならない生活習慣を身に付けることができました。
>
> 先生の話は前を向いて聞く、提出物を出すときは「お願いします」と言うなど、基本的な礼儀が身に付いています。目上の人に対しては必ず丁

2 ネガティブな行動特性（P45〜51）

> **2「ネガティブな行動特性」に関わる文例**
> **(1)「基本的な生活習慣」が身に付いていない**児童の所見文
>
> 親しい友達に対しても言葉遣いに気を付けることが大切だと知り、誰に対しても丁寧な言葉遣いで話すことができています。時と場合に応じた話し方ができるようになり、とても立派です。
>
> 少しずつ、すすんであいさつができるようになってきました。最高学年として、朝のあいさつ運動に参加したことで、あいさつをすることの気持ち良さに気付いてきたようです。
>
> 最高学年に進級し、登校班の班長になってからは一番最初に集合場所へ行き、集まってくる下級生一人一人に元気良く「おはようございます」とあいさつを行っています。
>
> 時間を意識することでより良い生活ができるようになりました。時計を意識し、次の活動を見通すことの大切さに気付き、行動を改善しようと

STEP2 ▶「学習面の特性」に関わる文例を選ぶ

　PART2 の「3 学習面の特性」（P52〜96）から 1 文を選びます。

3 学習面の特性（P52〜96）

> **3「学習面の特性」に関わる文例**
> **(1)国語に関わる**所見文
>
> ◆「知識・技能」に関わる文例
>
> 特性キーワード：三字熟語の構成を理解／漢字の複数の意味／句読点、色彩描写を理解／敬語の使い方〔**この文例を選択**〕
>
> 教材「三字以上の熟語の構成」では、三字熟語の由来に関心をもち、漢字辞典を活用して三字熟語を集め、その構成について理解し、語彙を増やしながら適切に使うことができました。
>
> 教材「複数の意味をもつ漢字」では、複数の意味をもつ漢字が構成する**熟語**の意味に関心をもち、国語辞典や漢字辞典を使って複数の意味をもつ漢字をそれぞれ調べ、比べることができました。
>
> 教材「春はあけぼの」の文章に触れ、親しみやすい**古文**や**漢文**、近代以降の文語調の文章について内容の大筋を知り、音読するなどして、言葉の響きやリズムに親しむことができました。

忘れ物をすることなく登校しています。身の回りもいつも整頓されていて、学習用具の準備もできています。小学校生活を通して身に付けなければならない生活習慣を身に付けることができました。　**89文字**

＋

教材「三字以上の熟語の構成」では、三字熟語の由来に関心をもち、漢字辞典を活用して三字熟語を集め、その構成について理解し、語彙を増やしながら適切に使うことができました。　**83文字**

＝

172文字

STEP3 ▶所見文の完成

　本書に収録された文例は全て 71〜90 字なので、2 文を組み合わせることで 142〜180 字の総合所見が完成します。

「特別の教科 道徳」「総合的な学習の時間」の所見の作成方法

「特別の教科 道徳」「総合的な学習の時間」の所見は、P98〜106 の文例から 1 文を選ぶだけです。

1 「特別の教科道徳」の文例

| 特性キーワード | 努力の大切さを認識／集団の中で役割を果たす／自然環境を守る／友達を信じる／目標に向かって努力／誠実に生きる／伝統や文化を守る／個性や長所を生かす／生命を大切にする／情報機器の法や決まりを尊重／気高く生きる |

「志を立てる」の学習では、「松下幸之助さんは努力をして成功した。ぼくも目標をもって努力をしたい」と記述し、努力することについて考えを広げていくことができました。

「ひきょうだよ」の学習では、「いじめられる人の苦しみを知り、いじめは絶対にしてはいけないと強く思った」と記述し、差別や偏見なく平等に人と接することについて考えることができました。

「友達だからこそ」の学習では、登場人物の考え方を学級全体で話し合い、自分の経験に照らし合わせて、本気で思い合える友達について考えを深

「父の言葉」の学習では、「相手の気持ちを考えて行動することが大切だと分かった」と記述し、思いやりに関する新たな気付きをこれからの自分の生活に生かそうと考えることができました。

「ブランコ乗りとピエロ」の学習では、ピエロの心の変容について話し合い、自分の経験から登場人物の思いを考え、広い心をもつことの良さについて自分なりの考えをまとめることができました。

この文例を選択

「○○○○○○○○」の学習では、登場人物の考え方について学級全体で話し合わせて友達と信じ合うことについて共感ことができました。

「人生を変えるのは自分」の学習では、自分の経験から登場人物の思いを学級全体で話し合い、目標に向かって努力することについて自分なりの考えをまとめることができました。

「その思いを受けついで」の学習では、「家族から愛されていることを感じ、この大切な命をもらえた自分は幸せだ」と記述し、これからの自分

 本書の特長 ||||||||||||||||||||||||||||||||||||||||||||||

特長① 各カテゴリーの冒頭に**特性キーワード**を掲載しているので、これを手掛かりに文例を探せます。

1 「ポジティブな行動特性」に関わる文例
(1)「基本的な生活習慣」が身に付いている児童の所見文

| 主な行動特性 | 手洗い・うがいをする／忘れ物をしない／前を向いて話を聞く／礼儀正しい／丁寧な言葉遣い／すすんであいさつ／「5分前行動」ができる／整理整頓ができる／時間を守る／学校のルールを守る／規則正しい生活が送れる／チャイム着席ができる |

ハンカチやティッシュを忘れることなく準終わった後や給食前の手洗い・うがいもした。感染症対策を意識した生活習慣が身に

特性キーワード

忘れ物をすることなく登校しています。身の回りもいつも整頓されていて、学習用具の準備もできています。小学校生活を通して身に付けなければならない生活習慣を身に付けることができました。

先生の話は前を向いて聞く、提出物を出すときは「お願いします」と言

特長③ 学年別の文例集のため、**各学年の教材・単元名**などが文例に盛り込まれています。（教科書が異なる場合等は、教材名を置き換えてご使用ください。）

6 年生の教材名
（教科書が異なる場合は置き換え）

教材「三字以上の熟語の構成」では、三字熟語の由来に関心をもち、漢字辞典を活用して三字熟語を集め、その構成について理解し、語彙を増やしながら適切に使うことができました。

特長② 網掛けの文例は、ネガティブな**特性**について書かれた文例です。文章自体は、ポジティブな視点から前向きに書かれています。

教材「同じ調をもつ漢字」では、「明ける・開ける・空ける」を例に、それぞれの意味の違いを理解し、どれが文脈に沿って適切な漢字なのかを選び、使うことができました。

書写「学習のまとめ」では、文字の形の大きさの違い、字間、お囲、上下・左右の余白の くことができまし

ネガティブ特性に基づく文例

日頃、敬語を使って話す機会が少ないのですが、教材「敬意を表す言い方」では、話す場面や相手に合わせた敬意を表す言い方を理解して、敬語を使い分けることができました。

パネルディスカッションを知らなかったのですが、教材「地域の防災について話し合おう」で、パネルディスカッションのし方を知り、意見の違いを大事にしながら実際に行うことができました。

特長④ 本書には**索引**（P107〜）が付いています。児童の活動内容（あいさつ、着替えなど）活動場面（朝の会、休み時間、遠足など）、学習内容（たし算、マット運動、鉄棒など）から検索できるので、児童について思い出せる場面をもとに、文例を探すことができます。

目　次

PART 1　解説　現行学習指導要領における学習評価と所見

PART 2　通知表・指導要録の「総合所見」で使える文例

1　「ポジティブな行動特性」に関わる文例

2　「ネガティブな行動特性」に関わる文例

3 「学習面の特性」に関わる文例

PART 3 「特別の教科 道徳」「総合的な学習の時間」の所見で使える文例

解説
現行学習指導要領
における
学習評価と所見

●

このPARTでは、2020年4月から全面実施された現行学習指導要領における学習評価と所見について、基本的な事柄を解説していきます。

CONTENTS

現行学習指導要領における学習評価

小川 拓（共栄大学准教授）

① 学習評価の前に

　適切な評価をするためには、子供たちをよく見ておかなければいけません。テストの結果だけで成績を付けることができるのは、一部分です。適切な評価ができる教師は、良い授業も行っているはずです。単元目標などをしっかりと見据え、児童の実態に合わせた適切な計画・指導が行われていなければ、どこで評価するかも分からず、適切な評価ができるわけがありません。良い教師は、日々の形成的評価の中で児童の実態を把握し、様々な手段を使い「個別最適な学び」を創出していきます。形成的な評価の積み重ねがあってこそ、総括的な評価が生まれ、通知表や指導要録の文言につながっていくのです。

　通知表や指導要録の文言は、最終的な成績に対する文言でなくても構いません。子供たちの努力や経過、取組を書くこともできます。その際には形成的な評価と個別最適な学びを提供する教師の知識や分析力、指導技術が重要となってきます。

　子供たちを「よく見る」とは、適切に子供を褒められるということにつながります。「褒める教師」は、適切な評価ができると言っても過言ではありません。子供たちの悪いところは黙っていても目につきます。しかし良いところは、褒めてあげようという姿勢がなければ見つけることができません。そのため、いつ何時も子供たちを褒めてあ

げようという気持ちを持つことが大事なのです。イメージとしては、子供を褒めるスイッチを「ON」にしたまま子供たちと接するのです。その都度、「ON」にするのではありません。四六時中、「ON」にしたままにするのです。そのような姿勢が「子供たちを見る視点」を高めていきます。

② 現行学習指導要領における学習評価

　現行学習指導要領（2017年告示）において、各教科等の目標や内容は、教育課程全体を通して育成を目指す「資質・能力の三つの柱」に基づいて再整理されています。

> ア「何を理解しているか、何ができるか」（知識及び技能）
> イ「理解していること・できることをどう使うか」（思考力、判断力、表現力等）
> ウ「どのように社会・世界と関わり、よりよい人生を送るか」（学びに向かう力、人間性等）

　学習評価もこの「資質・能力の三つの柱」に準じて行われていることはご理解いただいているところだと思います。

　このうち「学びに向かう力、人間性等」については、「①『主体的に学習に取り組む態度』として観点別評価（学習状況を分析

的に捉える）を通じて見取ることができる部分と、②観点別評価や評定にはなじまず、こうした評価では示しきれないことから個人内評価（個人のよい点や可能性、進歩の状況について評価する）を通じて見取る部分があることに留意する必要がある」（中央教育審議会答申2016年12月）とのことから、観点別学習状況の評価（評定）については、以下の３観点で行われます。

①知識・技能

②思考・判断・表現

③主体的に学習に取り組む態度

　通知表の所見欄についても、学習面の記載はこれら３観点から見て、「優れている部分」や「課題のある部分」を記述していくことによって、評定との連動性が図られることになります。

　また、基本的な方向性も示されています。

①児童生徒の学習改善につながるものにしていくこと。

②教師の指導改善につながるものにしていくこと。

③これまで慣行として行われてきたことでも、必要性・妥当性が認められないものは見直していくこと。

　上記も踏まえながら幅広く、教育効果を高めるようにしながら学習評価に取り組んでいく必要があります。

　難しそうに聞こえますが、子供たちのために資質・能力を高めていくことを第一に考えながら教育活動を行っていれば、普通のことかもしれません。

３ 評価規準と評価基準を明確化し、公正な評価を

　人が人を評価するというのは非常に難しいことです。自分の感覚だけで評価を行うと「いいかげん」な評価になってしまったり、「学習内容（活動）」の評価から大きくかけ離れた評価になってしまったりします。

　そのために、「評価規準」と「評価基準」を設定する必要があります。どちらも「きじゅん」と読むために二つを混同してしまう先生も多いようです。簡単に説明すると、

「評価規準」⇒手本

「評価基準」⇒ものさし

となります。

　「評価規準」は手本ですから、この単元（授業）でこのような児童に育ってもらいたいという姿になります。「単元目標」や「本時の目標」と表現は異なりますが、非常に近いものになります。

　「評価基準」は、評価をする際の「ものさし」ですので、「Ａ：たいへんよい」「Ｂ：よい」「Ｃ：もう少し」のような形で設定されます（通知表）。文章で表現され、観点の内容によっては、点数で表現されることもあります（指導要録と通知表では文言は異なりますが、考え方は同じです）。

　「Ｂ」を基準にして、それ以上を「Ａ」それ以下を「Ｃ」とするような考え方もあります。また、「Ａ」と「Ｃ」を明確に示し、「Ｃ」と「Ａ」の間を「Ｂ」とするような場合もあります。

　実際に評価を行っていく際には、そうして設定された「評価基準」を参考にします。評価基準の文言は、文章で書かれていることが多く、そのため、評価「Ａ」と「Ｂ」の境界が、判定しづらいケースもあります。同じような実態の児童であっても、ある先生は「Ａ」、自分は「Ｂ」と評価が分かれてしまうこともあります。そうした状況が起

きると、児童ばかりでなく、保護者の信頼も失いかねません。

そうならないためにも、学校で評価について共通理解を図っておく必要があります。中でも一番大切なのは、学年（または、低中高のブロック）間の共通理解です。補助簿やメモ等を見ながら評価基準に照らし合わせ、学年で話し合い、細かい基準を明確にしていく必要があります。児童のノートやワークシート、作品などを見せ合いながら行うのも有効です。そうした話し合いを通じ、教師間、学級間の評価に対する考え方の差が埋まっていきます。また、若手教員が評価のやり方や考え方を先輩教員に学ぶ場にもなります。児童の作品等を見せ合えば、指導法にも話が及ぶことでしょう。若手にとっては、中堅・ベテランの指導法やちょっとした配慮、裏技的なテクニックやエッセンスを学ぶ良い機会にもなります。

（1）「知識・技能」の面から、所見をどう書くか

「知識・技能」の所見については、ペーパーテストや小テストの累積の結果を文章で書くこともできますが、児童の観察や実験の様子、文章で表した内容等も踏まえて記述していくとよいでしょう。

その際、個別の指導計画やスモールステップの指導等、「個別最適な学び」に向けた指導がポイントになります。通知表の評価は「Ｃ」であったとしても、必ず成長している部分があります。「できなかったものができるようになった」「○○ができるまで、あと一歩まで到達した」など、通知表の「○」印だけでは、読み取ることのできない部分を所見に記すと、児童にも保護者

にも喜ばれる通知表となります。

（2）「思考・判断・表現」の面から、所見をどう書くか

「思考・判断・表現」では、授業内で単に話し合いの場を設けて、その様子を評価すればよいということではありません。文章、図やイラスト、ペアトーク、グループ活動、プレゼンテーション、作品の制作、その他の表現等を総合的に評価していくことになります。その際、観点別評価の評価基準に照らし合わせた上で、評価した部分を所見に記したり、特徴のある児童の様子を記述したりすることもできます。

通知表や指導要録の成績は「絶対評価」ですので、個人内評価の部分を通知表の所見で伝えることができます。また、授業を行う上で、児童が自ら「話し合いたい」「発表したい」「できるようになるための方法を考えたい」等の気持ちが起きるような授業づくりをしていくことも大切です。

（3）「主体的に学習に取り組む態度」の面から、所見をどう書くか

「主体的に学習に取り組む態度」の評価する姿や力については、「挙手の回数」「ノートの文字のきれいさ」「忘れ物」等、その児童の性格的な面やそのときの一時的な行動の様子を評価するものではありません。

「態度」という言葉から、「話を聞く姿勢（態度）が悪い」「私語が多い」等、態度が悪いから評価を「Ｃ」にするような評価は、適切ではありません。

「主体的に学習に取り組む態度」の「態度」とは、行われている授業の「目標」に向かっていく態度であり、自らが目標を持

ち、課題に向かって粘り強く取り組んだり、積極的に係わり、自己の学習を振り返ったりしながら学習を進める「態度」を評価するということになります。

そのように考えると、「主体的に学習に取り組む態度」は、「知識・技能」「思考・判断・表現」の2つの評価の観点にも、深く影響することになります。「ノートを丁寧にとっている」「話を聞く態度がよくなった」等は、行動面の所見でも十分に伝えることができます。

4 通知表の作成における留意点

評価を行う際に児童の様子を見取っていくわけですが、全ての観点を毎時間行うというのも現実的ではありません。また、学期の最後にまとめて評価するというのもよろしくありません。ある程度まとまった指導の後に学習評価を行い、補助簿（学級の名表）に評価を記入していきましょう。

授業内で児童の様子を評価しなければいけない場合には、付箋を使うのも有効です。名表で名前を探して、「○△」や「ＡＢＣ」を記入するより、評価の観点と評価基準を頭に入れ、付箋に児童の名前を書いていった方が時間を短縮できます。

「ＡＢＣ」で評価するのであれば、「Ａ」と「Ｃ」の児童名を記録し、児童が下校後、補助簿に転記していくとよいでしょう。

5 特別の教科道徳（道徳科）の評価について

道徳科の評価について、学習指導要領に「数値などによる評価は行わないものとする」とあるのは、周知のことと思います。また、「学習状況を分析的に捉える観点別評価を通じて見取ろうとすることは、児童の人格そのものに働きかけ、道徳性を養うことを目標とする道徳科の評価としては妥当ではない（小学校学習指導要領解説 特別の教科道徳編）」にあるように、観点別評価も適切ではないとされています。

とはいえ、道徳科は「評価をしなくてよい」ということではありません。評価においては、「内容項目」ごとに知識を植え付け、それについて評価を行うのではなく、ある一定期間の児童の成長を積極的に見取り、評価していくことが大切です。その際、他者と比べるのではなく、個人内評価として記述していきます。

記述する際に、重視したいポイントは以下の2点となります。
①一面的な見方から多面的・多角的な見方へと発展させているかどうか。
②道徳的価値の理解を自分自身との関わりの中で深めているかどうか。

この点に留意しながら進めてください。

【参考・引用資料】
・道徳教育に係る評価等の在り方に関する専門家会議「「特別の教科道徳」の指導方法・評価等について（報告）」（2016年7月）
・中央教育審議会「幼稚園、小学校、中学校、高等学校及び特別支援学校の学習指導要領等の改善及び必要な方策等について（答申）」（2016年12月）
・文部科学省「小学校学習指導要領（平成29年告示）」（2017年3月）
・文部科学省「小学校学習指導要領解説特別の教科道徳編」（2017年7月）
・中央教育審議会「学習評価の在り方について」（2019年1月）
・文部科学省「小学校、中学校、高等学校及び特別支援学校等における児童生徒の学習評価及び指導要録の改善等について（通知）」（2019年3月）

所見を書く上で
気を付けたいポイント

小川 拓（共栄大学准教授）

1 「教育効果」を意識すること

通知表の文面で、「よく発言するようになり、頑張っています」等の文面を見ることがあります。褒め言葉を入れて書かれていますが、それだけでは教育効果が薄いでしょう。学校で行われている活動は、全て「意図的」「計画的」に行われなければならないからです。そう考えると、通知表も教育効果がもたらされるように作成・記述していく必要があります。学校によっては、通知表に「あゆみ」「かがやき」等の名前を付けているところもありますが、それは教育効果を高めようとしていることの表れとも言えます。

それでは、通知表に求められる役割とは何なのでしょうか。第一に挙げられるのは、学習意欲等のモチベーションの維持・向上です。その意味でも、通知表を見た児童や保護者が「次の学期（学年）も頑張ろう」などと思うような通知表にしていかなければいけません。そうした通知表にすることで、児童や保護者の信頼も高まります。

通知表は、学期を通しての総括的な評価です。だからこそ、日々の授業や形成的な評価をしっかりと積み重ね、通知表や指導要録などの総括的な評価へと、つなげられるようにしていくことが大切です。

通知表の所見については、どのように捉えていけばよいのでしょうか。端的に言えば、一人一人の子供たちへの「具体的な褒め言葉」を記入するということに尽きると思います。もしかすると、「この児童には褒める言葉が見当たらない」と悩まれる先生もいるかもしれませんが、それは他の児童と比べているからです。

現在の通知表の評定は「絶対評価」ですから、ある基準ラインを超えていれば、全ての児童がA評価を取ることができます。そうした評価基準で所見を考えてしまうと、能力の低い児童は学習面において優れていることがなく、「書くことがない」ということになってしまいます。しかし、所見を書く上で、絶対評価的な考え方は向いていません。むしろ「個人内評価」的な考え方をした方が、一人一人の伸びを褒めて認め、所見として残すことができます。そのためには児童一人一人の能力を把握し、個に応じた指導を行い、本人の言動や成長を前向きに記述していくことが大切です。そうした所見が、児童のやる気をさらに伸ばすことになります。

2 学習評価の基本は「褒める」

小学校の先生方と話をしていると「評価は難しい」との声をよく聞きます。確かに、人が人を評価するのは難しいことですが、大切なのは普段から実施している教育活動自体が、評価につながっていると考えることです。

ある内容を学級で指導したとしましょう。

児童はその内容を身に付けようと、一生懸命取り組みます。よくできる児童について「よくできていますね」と声を掛ければ、それは評価です（評価基準に照らし合わせて）。

一方で、一生懸命取り組んでいてもなかなか成果が出ない児童に対しては、どのような声掛けをしているでしょうか。「ここまでできるようになって、素晴らしいですね」「一生懸命に取り組んでいる様子が立派です」「あと、もう少しですね。ここを工夫するとさらに良くなりますよ」などと声掛けをしていくと思いますが、そうした働き掛け自体も学習評価となり、そのプロセスを通知表の所見として書くこともできます。

これは、形成的評価（一人一人の日々の学力を把握し、次の指導を行うために行われる評価のこと）と呼ばれるもので、単元の評価計画に照らし合わせて行っていきます。児童は、個によって能力が異なります。画一的な一斉指導だけでは一人一人の能力を伸ばすことができません。日々の形成的評価を積み重ねることで、児童はより良く成長していくのです。その様子を記録に残し、児童のより良い側面が表出している部分を選んで、所見に書くことが大切です。褒めるということが、教育評価の一番大切なところなのです。また、褒め言葉とともに、個人の伸びたところを伝えることが、児童や保護者の喜びにつながり、次学期（次学年）への意欲を高めます。

❸ ネガティブな側面も、ポジティブな側面から書く

低学年に、たし算の繰り上がりの計算が苦手な児童がいたとしましょう。その際「○○さんは、たし算の繰り上がりの計算が苦手なようです。家庭でも練習すれば定着するでしょう」と所見に記入しても、児童はやる気が出ません。むしろ、やる気を失ってしまうことでしょう。この記述は、教師自らの指導の責任を家庭に転嫁しているようにも見えます。

では、次のように書けばどうでしょうか。「たし算の繰り上がりでは、何度も何度もブロックを使いながら練習していました。少しずつではありますが確実に定着しています。○○さんの頑張りをご家庭でも応援してあげてください。」

前述の所見に比べ、児童も保護者もやる気が出るのではないでしょうか。児童ができないことや苦手なことでも、前向きに取り組んでいる様子や進歩している様子を記述すれば、それは褒め言葉に変わります。

担任、授業者であれば、児童一人一人の個性や能力を把握しているはずです。「個に応じた指導⇒個別最適な学び」を行っていれば、褒め言葉とともに良い所見文が記述できることでしょう。

❹ 教科評価と所見との整合性を取る

通知表の作成には、多くの時間と労力を要します。35人学級であれば35人分のデータをそろえ、観点別評価を行い、所見を記していく必要があります。

所見の書き方として、各教科の評価を意識しながら書いていくケースと、意識しないで書いていくケースとがあると思います。

通知表の所見は個人内評価も加味して書くことが多いですから、どちらも間違いではありません。

注意していただきたいのは、「教科評価と所見との整合性」を取ることです。前述した通り、所見は褒め言葉を入れて書くことが多いのですが、その際は「教科評価と所見との整合性」という点で、保護者に誤解を与えないようにする必要があります。

例えば、算数の観点別評価で「C評価」を付けたとしましょう。その上で、通知表の所見に「計算練習をよく頑張っています。ご家庭でも褒めてあげてください」と記述すると、「頑張っているのに、なぜC評価なのか」と、不信感を与えてしまいかねません。教科評価が「C評価」なのであれば、例えば「○○の計算について練習を重ね、定着しつつあります。宿題なども少しずつですが、行えるようになってきました」のように、整合性のある記述が必要です。多くの家庭が通知表を子供の成長の記録として何十年も保管しているわけで、誤解を生まないように留意することが求められます。

5 「行動の記録」の記録の取り方

人間の記憶というものは、非常に曖昧なものです。見聞きした時点ではしっかりと覚えていても、時間が経てば忘れてしまいます。20分後には42%を忘れ、1時間後には56%を忘れ、1日後には74%を忘れ、1か月後には79%を忘れます。そうしたことを考えても、「記憶」に頼るのではなく、「記録」をしていくことが重要なのです。

では、どのように記録を取っていけばよいのでしょうか。

具体的な手法の一つとして、学級のノートを1冊作ってみてはいかがでしょうか。1人につき1ページのノートです。35人学級であれば、35ページのノートとなります。

ノートの1ページを半分に折り、左側にはその児童の特徴的な出来事を短く記述していきます。「○月○日：けがをした1年生を保健室に連れて行く」「○月○日：掲示物の手伝い」「○月○日：花の水替え」といった具合にです。係活動などとは別に、自主的に行ったことを書いていくとよいでしょう。

前述したような、学習面での取組や成長も、併せて記録に残していきましょう。また、問題行動等の内容も、日付とともに記録しておきます。

一方、ページの右側には保護者とのやりとりを記録していきます。そのノートを見ながら面談や電話連絡を行い、記録を残しておくと、後で有効に活用することができます。そうした記録を残しておけば、次の面談や電話連絡を行った際に、「前回、お母さんが心配されていた○○の件、その後いかがでしょうか？」等と話すこともできます。私自身、そうした話をよくしていましたが、多くの保護者が「先生、よく覚えていらっしゃいますね」と、話されていたのを覚えています。

学期の終わりには、このノートを見ながら通知表の所見を書いていくと、より具体的な内容を記述することができます。

6 評価記号で差をつける

各教科評価の記号を作り、所見に結び付けるのも有効です。学習後、評価を行う際に「A」「B」「C」の記号をつけていくと思います。その際、評価基準に照らし合わせて「A」評価をつけたものの、後で振り返った際に具体的にどこが良くて評価を付けたのかが分からなくなることが少なくありません。そうしたことを防ぐために、記

載方法を工夫しておくことをお勧めします。

　例えば、各教科領域の表現活動として発表をさせることがあるでしょう。「Ａ」評価の児童の場合、何が良かったかを次の図のように「Ａ」の周りに記していくのです。

評価記号の例

　図内の「Ｔ」は「正しさ」、「Ｋ」は「声の大きさ」、「Ｈ」は「表現の豊かさ」を表しています。あるいは「Ｓ」として発表の「速さ（スピード）」や「テンポ」等を記載することもできます。児童が一人ずつ発表しているときは、授業者も余裕がありますから、名表の「Ａ」の周りに記号を書いていくことができることでしょう。

　こうして記述しておけば、児童は評価基準に照らし合わせて行った学習評価において「Ａ評価」であり、「正しさ」「声の大きさ」「表現の豊かさ」が優れていたことが分かります。これを、通知表の所見用に文章にすればよいのです。

7 通知表の所見は多くの目で

　児童の行動の中には、良い行いもあれば良くない行いもあります。良くない行いについては当然、指導を重ねて改善していく必要があります。良い行いについては、通知表の所見に記入することが可能です。

　とはいえ、子供たちは担任が知らない場所でも、様々な活動をしています。そうした行いについては、どうすればよいのでしょうか。

　よく行われているのが、「子供の良さ発見カード」です。このカードを職員室に置き、子供たちの良い行いを見つけた場合に記入して、担任の先生に渡します。

　学級担任は、クラスの児童に対し「Ａさんはこのような子だから、きっとこうに違いない」と固定観念で見てしまうことが少なくありません。でも、複数の教師の視点で子供たちを観察すれば、児童の新たな一面を発見することもできます。児童からすれば「自分のこんなことも知ってくれているのか」とうれしく思うとともに、教師への信頼度も向上するでしょう。また、報告をしてくれた教師にも感謝するに違いありません。

　また、学級活動の中でワークシートに書かせて発表し合う活動（グループで行ってもよい）、帰りの会等で「今日のＭＶＰ」として良かった行いを発表する活動なども有効です。

　そうした取組は、所見の材料にすることもできます。記録は、前述した学級のノートに書いていきましょう。個人面談等の際にも役に立ちます。また、児童に書かせた「となりの子の良いところ」（各学期末に行うとよい）のワークシートも、保管しておくことで、通知表の所見の材料にすることができます。こうした活動を行えば、児童同士の関係も良くなり、学級の雰囲気も明るく優しい感じになっていきます。

　本書では、読者の皆さんと同じように現場で指導している先生方が、学習指導要領の方針を踏まえつつ、ご自分の経験や指導も基にしながら執筆した文例をたくさん掲載しています。皆さんが児童の実態に合わせて所見を書く時、どのように表現してよいか困った時などに、ぜひ参考にしてください。同じ内容でも言い回しや表現の仕方をより良くすることによって、児童や保護者に与える印象は大きく変わります。

PART 2

通知表・指導要録の「総合所見」で使える文例

●

　この PART では、通知表や指導要録の「総合所見」で使える文例を紹介します。20〜51ページの行動特性に関わる文例から1文例、52〜96ページの学習面の特性に関わる文例から 1 文例を組み合わせる形でご活用ください。

CONTENTS

1	「ポジティブな行動特性」に関わる文例	20〜44P
2	「ネガティブな行動特性」に関わる文例	45〜51P
3	「学習面の特性」に関わる文例	52〜96P

> ここから1文例（71〜90字）

＋

> ここから1文例（71〜90字）

142〜180字程度の所見文が完成

1 「ポジティブな行動特性」に関わる文例
（1）「基本的な生活習慣」が身に付いている児童の所見文

主な行動特性

手洗い・うがいをする／忘れ物をしない／前を向いて話を聞く／礼儀正しい／丁寧な言葉遣い／すすんであいさつ／「5分前行動」ができる／整理整頓ができる／時間を守る／学校のルールを守る／規則正しい生活が送れる／チャイム着席ができる

ハンカチやティッシュを忘れることなく準備していました。**休み時間**が終わった後や**給食**前の**手洗い・うがい**もしっかりと行うことができました。感染症対策を意識した生活習慣が身に付いています。

忘れ物をすることなく**登校**しています。身の回りもいつも**整頓**されていて、学習用具の準備もできています。小学校生活を通して身に付けなければならない生活習慣を身に付けることができました。

先生の話は前を向いて聞く、提出物を出すときは「お願いします」と言うなど、基本的な礼儀が身に付いています。目上の人に対しては必ず丁寧な**言葉遣い**で話すことができています。

忘れ物がほぼなく、**あいさつ**もしっかりできている○○さんは、クラスの仲間からの信頼が厚く、一目置かれる存在です。次学期も同じような活躍を期待しています。

誰に対しても、いつもすすんで**あいさつ**をしています。教師はもちろん、**登下校**中に出会う地域の人たちにもあいさつをする姿は、下級生の良き手本となっています。

いつも机やロッカーの中がきれいに**整理**されており、忘れ物もほとんどありません。**授業**が始まる前には、机の上に必要な用具をそろえて準備するなど、友達の手本となる行動が見られます。

次の活動を意識して生活することができます。いつも**授業終了のあいさ**つを終えると、すぐに次の時間の用意をしています。そのため、次の学習をスムーズに進めることができました。

いつも時間を意識して行動することができます。教室ではもちろん、**修学旅行でも5分前行動**を意識し、遅れることがないように、常に時計を見ながら行動していました。

朝**登校**すると、自らすすんで友達に**あいさつ**をするなどして、気持ちの良い朝を迎えることができています。仲の良い友達だけでなく、学級の友達みんなの名前を呼んであいさつしています。

廊下歩行を守る、靴のかかとをそろえる、名札をつけるなど、当たり前のことを当たり前に行うことができています。基本的な生活習慣がしっかりと身に付いています。

いつも礼儀正しく、丁寧な**言葉遣い**で周りの人と接することができます。教師に対してはもちろんのこと、友達と過ごしている中でも相手に敬意をもって接しています。

話し合いなどが盛り上がり、学級が騒がしくなると、それを注意してくれます。話し合うときと聞くときの使い分けがしっかりできている○○さんは、大事なことを聞き逃すことがありません。

困っている友達や下級生などに対し、手助けをしたり、声を掛けてあげたりするなどの気遣いができています。優しい気持ちと素直さを備え、友達も○○さんを慕っています。

学校のルールを1年生にも分かるように、丁寧に教えてあげていました。学校のルールが、みんなが安全に楽しく過ごすためにあるものだということをしっかり理解できています。

身の回りの**整理整頓**がしっかりとされています。**掃除**の時間には学級のロッカーの**整頓**もしてくれて、乱雑になっていたファイルを番号順にきれいに並べてくれました。

交差点に立つ地域の方にお礼を伝えたり先生方に考えを伝えたり、その場に応じた**言葉遣い**をしようと心掛けていました。そうした丁寧な言葉遣いは、クラス全体の手本となりました。

授業の開始時間をしっかりと守り、**休み時間**との切り替えができています。机やロッカーなどの**整理整頓**もしっかりと行い、気持ちの良い学校生活を送ることができています。

気持ちの良いあいさつ、返事をすることができます。**児童集会**での**委員会紹介**でも大きな声で発表し、最高学年として学校の手本にふさわしい態度を示すことができました。

計画表をつけ始めてから、規則正しい生活ができるようになりました。学習の計画も、自分の苦手なところに気付き、重点的に復習しているため、着実に力をつけてきています。

誰も見ていなくても、正しい行動が取れる○○さん。特に**無言清掃**に取り組む姿は、素晴らしいものがあります。黙々と働く姿は、最高学年として下級生の手本・憧れとなっています。

登校班の**班長**として、班員の手本となる気持ちの良い**あいさつ**を励行しています。登校指導をしてくれる保護者や地域の方にも、自分から笑顔であいさつするので評判になっています。

時間を守って行動しようという高い意識をもっています。チャイム着席ができているだけでなく、周りの友達にも声を掛けるなどして、最高学年として手本となる行動ができています。

机の中を常に**整理整頓**していたため、必要な物や足りない物が何かを把握する一助になっていました。足りない物がすぐに分かり、自ら補充をすることができていました。

身の回りの**整理整頓**をする習慣が身に付いています。**家庭科**「整理・整とんで快適に」では、改善点がほとんどない中でもより使いやすい収納を考え、発表することができました。

ハンカチやティッシュ、マスクなど、毎日の生活に必要な物を忘れずに過ごすことができました。また、連絡帳にチェックができるよう工夫し、毎日必要な物を確認することができました。

卒業式の練習では、日頃の返事や姿勢の良さを生かして立派な態度で臨むことができました。体育館に大きく響く返事と背筋の伸びた姿勢に、今まで身に付けてきたことがしっかりと表れています。

次にやるべきことを理解して行動することができます。特に時間を守る意識が高く、チャイム着席が身に付き、特別教室へ移動する際もクラス全体に声を掛けることができました。

6年生として学校の決まりやクラスのルールを意識し、生活することができています。教師がクラスを空ける際も、大切なことを安心して任せることができます。

時と場面に応じて、心を込めてあいさつをすることができます。視線を合わせるだけでなく、笑顔であいさつをするので、誰もが○○さんとは気持ちの良い関係性を築けています。

自分の持ち物の整理整頓がしっかりとできているので、忘れ物や落とし物がなく、授業に集中して取り組むことができています。きちんと整理整頓する姿が、学級に良い影響を与えてくれています。

「元気の良いあいさつと言えば、○○さん」と他の教師からもお墨付きです。目を見て自分から気持ちの良いあいさつをすることができ、1日のスタートダッシュが切れています。

全校朝会などの大勢が集まる場でも、ハキハキとした声であいさつができました。人柄がにじみ出てくるような感じで、どんな場面でも自らあいさつをする姿勢がとても立派でした。

ノーチャイムデーでも、時間を意識して行動ができます。授業開始の1分前には必ず授業準備がされた状態で着席しています。当たり前のことを当たり前にやっている姿勢が大変立派です。

「5分前行動」が身に付いているため、学習活動や行事などにも着実に取り組むことができました。全校集会では、時間を守ることの大切さを全校児童に伝えることもできました。

1 「ポジティブな行動特性」に関わる文例
（2）「健康・体力の向上」が見られる児童の所見文

主な
行動特性

元気に外遊び／手洗い・うがいを欠かさない／毎日休まず登校／風邪をひかない／ハンカチ・ティッシュを携行／給食を完食／歯磨きを欠かさない／積極的に走る練習／早寝・早起き・朝ごはん／下級生を誘って運動

休み時間には、**持久走大会やなわとび大会**に向けて練習に励んでいました。小学校生活最後の大会に向けて一生懸命に取り組んだことで、体力を大きく向上させることができました。

毎日の**外遊び**を通して、体力の向上を図ることができました。さまざまな遊びを通して身に付けた体力は、**体育**の学習のさまざまな場面で生かされています。

国語「心の時間と時計の時間」では、心も体も健康にすることを学習し、いつも明るく元気に過ごそうと意識して生活しました。**手洗い・うがい**も欠かさず、健康的な生活ができています。

陸上大会の練習では、**休み時間**に友達とスタートダッシュの練習を繰り返していました。その成果か、大会当日は自己新記録を出せたとうれしそうに報告してくれました。

休み時間は、いつも元気に**外遊び**をしていました。外遊びによって丈夫で健康な体をつくることができたので、毎日休むことなく**登校**することができています。

なわとび大会に向けて学級のみんなと一緒に練習に励みました。毎日練習に取り組んだことで、記録を伸ばすことができました。本番も練習の成果を発揮し、満足のいく結果を残すことができました。

雨の日が多く、外で遊ぶことが少なくなる中、晴れた日には率先して外へ出て遊ぶ姿が見られました。友達に声掛けし、**サッカー**をしたり、**ドッジボール**をしたりして楽しんでいます。

マラソン大会に向けて、コツコツと体力づくりに励みました。**体育の授業**だけでなく、**休み時間**も友達と一緒に校庭を走ったり、けがをしないようにストレッチをしたりしている姿を見かけました。

バスケットボール大会に向けて、**休み時間**に黙々と練習する姿が見られました。シュートが入る方法を友達から教えてもらい、うまく決めたときにはとてもうれしそうな笑顔を見せていました。

運動委員として、体育倉庫の**掃除**に意欲的に取り組んでいました。体育倉庫がきれいに**整頓**されていることで、学校のみんなが安全に使えるということも理解できています。

外遊びキャンペーンの時期には下級生を誘い、外で元気におにごっこをしていました。走る速さを下級生に合わせ、低学年でも楽しく遊べるような工夫もするなど、高学年らしさを感じました。

感染症対策や雨の日で**外遊び**が少なくなる中、晴れた日には率先して外へ出て遊ぶ姿が見られました。友達に声掛けし、**サッカー**をしたり、**ドッジボール**をしたりして楽しんでいます。

暑くても寒くても**外遊び**を心掛け、**休み時間**は元気に校庭で体を動かしています。冬場も薄着で過ごしていましたが、風邪をひくこともなく健康に過ごすことができていました。

市内体育祭のリレーの練習に毎日欠かさず参加する姿が見られました。バトンパスの練習も上達し、当日もベストの記録を出すなど、努力して結果を出す姿が同級生や下級生の良き手本となりました。

給食の時間中は、**家庭科**で学習した五大栄養素を意識し、給食の食材にどのような働きがあるのかを思い出しながら、好き嫌いせずによく噛んで食べることができています。

保健の授業で学習したことを日々の生活にも生かすことができています。病気の予防法を知り、日々の手洗いや歯磨きの重要性を理解し、継続して実践することで健康に過ごすことができました。

朝マラソンにすすんで取り組む姿勢が見られ、そうした努力が**体育の授業**でも成果として表れています。全校朝マラソンの日には、下級生を励ます姿も見られました。

「新しい生活様式」を実践することの大切さをしっかりと理解していました。**委員会活動**でもポスターを作成して、**手洗い・うがい**や黙食を呼び掛け、高学年として健康への意識の向上が見られます。

早寝・早起き・朝ごはんを心掛けて毎日元気に過ごすことができました。寒くなり始めたときには、学級全体に**手洗い・うがい**を呼び掛け、ポスターを作って掲示してくれました。

代表委員やリーダーに挑戦し、皆をまとめることができました。先のことを考えて行動する力に長け、行事に向けて常に目標をもち、前向きに取り組む姿勢がクラスの手本となっています。

休み時間の後や**給食準備**の前などは、寒い日でもしっかりと**手洗い・うがい**をすることができました。衛生管理をしっかりとして、健康な体をつくることができました。

制限のある中でも、**休み時間**には外で元気に体を動かしていました。クラスの皆にも声を掛けてくれたおかげで、クラス全体の体を動かす機会が増えました。

朝マラソンでは、早く外に出ることを意識し、速い友達についていくことで、自らの体力を向上させることができました。その成果が、**持久走大会**で発揮されていました。

手洗い・うがい、消毒、マスクの着用など、感染症防止に気を付けて生活することができました。また、運動する際にはマスクを外すなど、熱中症にも留意して生活することができました。

自主的に**朝マラソン**を行い、コツコツと走力をつけた結果、走るときのフォームにも変化が表れ、長く走ることができるようになりました。運動を長く続けられるようになり、毎日元気良く過ごせました。

バスケットボールクラブに所属し、部長として毎回の活動に100パーセントの力で臨んでいます。どんな練習にも一生懸命取り組んでいる姿からは、体力の高まりを感じられます。

感染症対策を意識して、**休み時間の後や給食準備の前など**は、しっかりと**手洗い・うがい**をすることができました。自分自身の衛生管理をしっかりと整えて、健康な体をつくることができました。

運動委員長として、6年生の体力課題をクラスに伝えて体力向上に努めました。**長縄大会**に向けて、クラス全体に練習の声掛けをして意欲的に活動することができました。

休み時間には、友達と声を掛け合って外へ行き、汗をかきながら**サッカー**や**ドッジボール**などをしていました。体力がしっかりついてきたため、○学期は欠席することなく**登校**することができました。

休み時間になると必ず校庭に行き、男女関係なく**鬼ごっこ**をしたり、**ドロケイ**をしたりして体を動かしています。クラスの輪の中心にはいつも○○君の笑顔があります。

市内の**陸上大会**では**ハードル走**に出場し、入賞することができました。練習では少しでもタイムを縮めるために毎回全力で取り組んでおり、まさに努力の賜物です。

保健の「病気の予防」の学習で、生活習慣がさまざまな疾患を引き起こすことを知り、日頃から規則正しい生活を送ろうと、新たな目標を立てていました。

保健委員会の委員長として、**手洗い・うがい**の大切さを伝えるためのビデオを作成しました。自らも手洗い・うがいをしっかり行い、毎日休まず元気に**登校**することができました。

早寝・早起き・朝ごはんなど基本的生活習慣を身に付けて体調管理しているので、病気になることなく元気良く**登校**できています。○学期は欠席が1日もなく、元気に登校することができました。

（3）「自主・自律」を意識した行動ができる児童の所見文

 主な行動特性　目標や目当てをもって活動／根気強く取り組む／自らを律した行動／5分前行動／時間を守って行動／自分で考えて行動／自作の生活表で規則正しい生活／主体的に関わる／やるべき仕事に取り組む／休み時間と授業の切り替えができる

学期の最初に立てた目標の実現に向けて、努力を重ねました。目標の達成に向けて、見通しをもって取り組んだり、取り組みを振り返ったりして、学習や生活を改善しようと努めていました。

今の自分にできることよりも高い目標を立て、当面の課題に根気強く取り組み、努力することができました。「**持久走大会で10位以内**」に向けて毎日校庭を走り、達成することができました。

修学旅行では**5分前行動**を意識し、事前にスケジュールをしっかり読み込み、計画的に行動できていました。同じ班のメンバーからも頼りにされていたようです。

将来の夢に向かって、目標をもちながら生活や学習に取り組んでいました。今取り組んでいることが将来の役に立つと信じて一生懸命に取り組む姿に、大きな成長を感じました。

学習や生活の場面において、どんなことにも諦めることなく、粘り強く取り組みました。自分の思い通りにならないことがあっても地道に努力を続ける姿に、いつも感心していました。

自分で決めたことは、最後まで諦めずにやり遂げています。自分で立てた学期の目標「**持久走大会で10位以内**」を達成するため、毎日校庭を走り、達成させることができました。

「言われる前に、自分で考えて行動」を目標に、何にでも自主的に取り組んでいました。**全校朝会**のときには10分前に学級全体に声を掛け、5分前には体育館に全員整列することができました。

テスト前だけでなく、普段から**自主学習**に意欲的に取り組んでいます。得意な教科だけでなく、苦手な教科を自覚して重点的に復習し、自信をもってテストに臨むことができています。

自らを律し、自己の欲求に負けることがない強い心をもっています。周りの環境や雰囲気に流されることなく、今すべきことを常に考えながら生活していました。

どんな場面でも、時間を守る意識があります。自分が時間を守るだけでなく、積極的に友達にも声掛けをするなど、学級全体のことを考えて行動し、主体性のある学校生活を送っています。

担任が出張でいないときに、自分たちでしっかりやろうと学級に呼び掛け、**給食**の準備などに率先して取り組みました。その結果、普段より早く準備ができ、それ以降はその方法が学級に定着しました。

将来の夢に向かって、高い目標をもちながら毎日の生活や学習に取り組んでいました。そのため、難しい課題に対しても、諦めることなく、突き進むことができました。

自主学習ノートの作成に意欲的に取り組んでいます。**授業**の復習だけでなく、自分の興味があることを調べ、ノートに詳しくまとめています。そのノートは○○さんの貴重な財産となるでしょう。

自分の意見をもった上で他者の意見を聞き入れ、周囲に流されることなく行動することができます。的確な判断と揺るぎない信念を生かし、学級のリーダーとして活躍しています。

「学校のみんなのため」という意識をもって、**委員会活動**に取り組んでいます。自分が担当する活動だけでなく、できることを探して意欲的に取り組む姿勢が、周囲に良い影響を与えています。

他の友達の**配り係**や**給食**の配膳の手伝いを率先して行っています。教室内のごみ拾いや机の**整理整頓**など、環境整備も積極的に行い、自分で考えて行動する習慣が身に付いています。

けじめのある学校生活を送り、学級全体に今やるべきことを声掛けしてくれました。それぞれの行事で目標をもち、その都度振り返りをして「次に生かそう」という姿勢が見られます。

宿題の他にも**自主学習ノート**にすすんで取り組んでいます。分からないことや疑問に思ったことは自分で調べる習慣が身に付いていて、着々と力を伸ばしています。

自分の課題が終わると、ただ待つのではなく、次の課題を自分で見つけて行う姿が見られました。高学年らしい姿が身に付いていて、クラス全体に良い影響を与えています。

課題が終わるとタブレット端末で、**自主学習**に意欲的に取り組む姿が見られました。発展的な課題にも積極的に挑戦していました。タブレット端末で予習や復習も行い、着実に力を付けました。

自らの生活を省みて、寝る時間が遅いために生活リズムが整わないことに自分で気付くことができました。現在は、自分で作った生活表に基づいて、規則正しい生活が続けられています。

最高学年として「下の学年に優しい6年生になる」という目標を立て、その達成に向けて取り組むことができました。**縦割り活動**では、低学年が楽しめるように声を掛け、盛り上げることができました。

体育委員として、校庭整備、石灰小屋の**掃除**、**なわとび**タイムでの手本など、自分のやるべき仕事に対して自分なりの目標を決めて活動することができました。

目標をもち、その達成に向けて目的意識をもって取り組むことができました。学習や運動だけでなく、各行事でも成果と課題を振り返ることができ、自分の成長につなげることができています。

学期の最初に立てた学習に関する目標に対して、最後まで諦めずに取り組む姿が見られました。その努力の成果が日々の学習活動やテストの結果に現れており、大変立派でした。

行事のたびに「目標に向けて日々頑張ろう」という姿が見られるようになりました。**音楽会**に向けて「きれいな声を響かせたい」と練習に打ち込む姿からもその思いの強さが伝わってきました。

学級のことによく気が付き、クラスにとってプラスになることを率先して提案したり、取り組んだりすることができました。その姿が手本となり、多くの友達に慕われていました。

自ら学習に向かう姿勢が見えてきた○学期でした。**自主学習ノート**には、自分で苦手なところと向き合い、努力を続けて乗り越えてきた形跡が数多く見られました。

小学校生活最後の**運動会**では優勝するという目標を立て、自分にできることを考え、すすんで取り組みました。下級生にも目標を共有してもらえるように、自主的に声を掛ける姿が印象的でした。

学校生活における多様な問題場面を自主的に判断できる力が付いてきました。低学年の子がけんかをしていたときには、双方の話にしっかりと耳を傾け、問題を解決することができました。

低学年の児童に自ら考えた遊びを提案するなど、誰に対しても自分から関わる姿が見られました。最上級生としての自覚が育っている姿を多く見ることができました。ぜひ卒業まで継続してください。

放課後もテストに向けて自分に必要な学びを考え、AIドリルを使った学習に取り組めるようになりました。学習した後には振り返りを欠かさず行っており、それが次の学びにつながっています。

休み時間には友達と校庭で思い切り遊び、**授業**への切り替えを素早く行う姿から、6年生としてけじめのある生活をしようという意気込みが感じられました。

どの教科のどんな場面でも主体的に発言し、自らの考えを整理して話したり、友達に投げ掛けたりしたことで理解を深めました。それが学力向上につながり、テストの結果に表れていました。

1 「ポジティブな行動特性」に関わる文例
（4）「責任感」を伴った行動ができる 児童の所見文

主な行動特性

リーダーに立候補／仕事を最後までやり遂げる／クラスをまとめる／クラスの良い雰囲気づくり／クラブをまとめる／工夫を凝らした練習／下級生に優しく教える／学校のリーダーとして行動／手を抜かずに丁寧にやり遂げる

修学旅行では班長として、同じ班のメンバーに気を配る姿が見られました。○○さんのおかげで、班のメンバーも楽しく安全に過ごすことができ、思い出深い１泊２日になったようです。

自分の仕事に責任をもち、最後までやり遂げることができます。学校全体の美化に努め、**園芸委員**として５年生とも協力し、校庭のプランターへの**水やり**を毎日忘れずに行いました。

黒板当番として、毎日責任をもって仕事ができました。消すだけでなく、チョークを整えたり、黒板消しをきれいにしたり、みんなが気持ち良く学習できるために行動することができています。

児童会会長に立候補し、それに値する行動ができています。朝のあいさつ運動から始まり、廊下歩行の呼び掛けや集会の代表の言葉など、どの姿も立派で感心しました。

飼育委員として、うさぎ小屋の**掃除**や餌やりに愛情をもって取り組むことができました。片付けまで手を抜かずに、丁寧にやり遂げる姿は、下級生の良き手本となっています。

自分の仕事に責任をもち、最後までやり遂げることができます。学校全体の美化に努め、**園芸委員**として校庭のプランターへの**水やり**を毎日忘れずに行いました。

運動会では応援団長として、組全体をまとめ上げる大変さを味わいながらも下級生の見本となる態度で立派に大役を務めました。最後までやり遂げた経験は、今後の大きな力となります。

実験クラブの部長として、クラブをまとめてくれました。毎回のあいさつや出欠確認はもちろん、実験器具の扱い方や注意などを下級生に優しく伝える姿から○○さんの責任感の強さを感じました。

修学旅行では班のリーダーとして活躍し、時間と計画を守った行動を心掛けることができました。同時にクラスのムードメーカーでもあり、バスや部屋で良い雰囲気をつくってくれました。

バトミントンクラブのクラブ長として、活動計画を確認して事前にチームを考えたり、対戦表を考えたりして備える姿はとても立派です。他学年との関わりを大切にして活動することができました。

日頃から自分の役割をきちんと理解して行動できています。修学旅行の実行委員として、出発の会や到着の会の運営を、責任をもってやり遂げることができました。

修学旅行の際には班長に推薦され、班がまとまるように責任感をもって行動しました。班員が楽しみながら学習できるよう班決めから当日の動きまで積極的に取り組み、クラスをリードしました。

入学したばかりの1年生の教室で、絵本の読み聞かせやカードゲームなどをしました。1年生に喜んでもらえるような活動を主体的に計画し、自らの役割をしっかりと果たす姿がとても印象的でした。

児童会など自らに課せられた仕事に、見通しをもって取り組むことができました。美化委員長としては、委員のメンバーの意見を集約し、より良い活動に向けてリーダーシップを発揮しました。

6年生になり、「学校のリーダーとして行動しよう」という責任感が芽生えてきました。朝のあいさつ運動では、自分の担当の日以外でも活動に参加し、下級生の見本となるように行動していました。

何事にも真面目に責任感をもって取り組むことができました。修学旅行では、リーダーとして先を考えて行動したり、友達に声を掛けたりと自分の役割を果たすことができました。

1 「ポジティブな行動特性」に関わる文例
（5）「創意工夫」を凝らした活動ができる児童の所見文

主な行動特性

クイズ大会などクラスを盛り上げる工夫／工夫を凝らしたクラブ練習／豊かな発想でスローガンを提案／卒業アルバムを工夫してレイアウト／縦割り活動で下級生を楽しませる工夫／さまざまな視点で自主学習／清掃を効率よくする工夫

クラスレクでは、タブレット端末を活用したクイズを考えました。一人一人の回答が大型画面に映し出され、「まるでクイズ番組のようだ」とクラスの友達からも大好評でした。

委員会では、できることが限られている中で、タブレット端末を用いて下書きを書いたり、デジタルアプリを使ってアンケートを作ったりするなどの工夫をして活動する姿が見られました。

歌声委員会では、感染症対策をしながら歌声活動がより活発になるよう新しい角度から方法を提案し、周りの友達も感心していました。いつも自分なりの工夫を凝らしながら活動できています。

自主学習の追究内容が深く、細部に焦点を当てたり、物事の全体像を捉えたりと、いつも周囲の人に新たな視点を与えてくれます。○○さんのおかげで、学級の学びがより豊かなものとなりました。

修学旅行での班別活動では、事前にコースを決める際に、距離やかかる時間を見通し、修正や改善案を出し、班での計画的な活動に貢献することができました。

自主学習に力を入れ、継続しやすいように、分かりやすく楽しい学習を心掛けていました。最後に必ずクイズを入れたり、学習の感想を書いたりするなどの工夫も見られました。

委員会では、最高学年としてより良い学校生活を送るために自分たちにできる活動について積極的に発言することができました。委員会の活動が充実したものになったのも○○さんのおかげです。

運動会のスローガンに応募し、全校児童にすぐに浸透するキャッチーなスローガンを考え、見事選ばれました。何をするのにも、豊かな発想で工夫が加えられるところが○○さんの長所です。

感染症防止対策の一貫として、自主的に**手洗い・うがい**を啓発するポスターを作成しました。ポスターを掲示したことで、学級の友達がより一層高い意識をもつことができました。

○○小祭りのクラスのお店づくりに力を発揮してくれました。今あるものを活用しながら、上級生から下級生まで楽しめる場づくりに努めてくれたおかげで、当日は大盛況でした。

縦割り活動のリーダーとして、下級生を楽しませています。1年生から5年生までの全員が楽しめるように、ルールを工夫したり、声を掛けたりして活動しています。

計画委員として、学校全体に関わる仕事を中心に活躍しました。最後の**授業参観や6年生を送る会**では、自ら考えを出して、ダンスを中心とした楽しいパフォーマンスを行うことができました。

係活動では、タブレット端末を使ってアイデアを出したり、楽しい工夫を盛り込んだりして、新しい取り組みを進める姿が見られました。学級や学校全体の良き手本となりました。

掃除の仕方を工夫し、効率良くきれいにできる方法をタブレット端末で調べ、みんなに伝えてくれました。工夫した清掃方法を実行したことで、学級や掃除場所が見違えるほどきれいになりました。

卒業アルバム作成委員として、クラスの友達にアンケートを依頼したり、クラスのページのレイアウトを考えたりと、思い出に残るようにさまざまな工夫を取り入れて作成することができました。

パーティー係として、誕生日会を企画・運営しました。季節に合わせて提示するスライドを作り変えたり、やりたい遊びをアンケートを取って決めたりと、常に全員が楽しむ工夫をしました。

（6）「思いやり・協力」の姿勢がある児童の所見文

主な行動特性
友達と協力／男女の区別なく仲が良い／感謝の気持ちをもつ／相手の立場を考えて行動／力を合わせる姿勢／率先して友達の相談に乗る／親切な行動／下級生に優しい／誰にでも優しく声を掛ける／思慮深い行動／友達の良いところを見つける／いつも笑顔

友達と協力しながら物事に取り組むことができます。**委員会活動**では、5年生に優しく仕事を教えてあげる姿が見られるなど、5年生からも信頼されていました。

1年生のお世話に一生懸命取り組んでいました。どうすれば1年生が喜んでくれるのか考えながら、優しく声を掛けてあげる姿に、最高学年としての頼もしさを感じました。

男女の区別なく誰とでも仲良く過ごすことができました。**修学旅行**では、どの人にも自分から声を掛け、男女で協力し、楽しい1泊2日を過ごすことができました。

相手の立場を考えて行動することができます。自分の意見と友達の意見が異なったときには、友達がなぜそう考えたのかを尋ね、より良い方法を見つけようとしています。

どんなときにも力を合わせ、目標に向かって進んでいこうとする姿勢が見られます。自分の立場や役割を意識し、自分ができることを考えて実践しています。

学級がより良くなるためにできることはないかと考え、いつも率先して行動していました。困った友達を見かけたときには必ず声を掛け、相談に乗ったり、助言をしたりしていました。

風邪などで**給食当番**や**委員会活動**ができない友達の代わりに、すすんでその役割を担っていました。思いやりのある親切な行動に、友達からも感謝されていました。

隣の席の友達に、問題の解き方を優しく教えています。グループの話し合いでは、自分の考えを一方的に伝えるだけでなく、周囲の意見にもよく耳を傾け、グループの考えをまとめていました。

音楽発表会に向けた練習中、リコーダーの運指や楽譜の読み方を友達に優しく教えていました。また、**合唱の練習**を行おうと、**休み時間**に友達に声を掛けるなどして全体を束ねていました。

普段あまり関わっていない人とでも、相手が同じ遊びをしたいときは快く輪に入れることができました。そうやって誰とでも関わることができるので、多くの友達と信頼関係を深めていました。

転んだ下級生に「大丈夫？」と優しく声を掛け、手を引いて保健室に連れて行っていました。誰に対しても分け隔てなく誠実に接し、クラスの全ての友達から慕われています。

いつも周りに優しい○○さんは、１年生からも大人気でした。休み時間のたびに１年生が訪ねてきて、一緒に仲良く遊んであげる姿に○○さんの高学年らしさを感じました。

入学式翌日からの１年生の手伝いには、とても意欲的に取り組んでいました。毎日、１年生の教室から戻って来ると、その日の１年生の活動をうれしそうに話してくれるなど優しさを感じました。

縦割り遊びでは、１年生でも楽しめるルールを提案していました。当日も、下級生も楽しめるようにボールをパスしたり、すすんで声を掛けたりするなど、頼もしい姿が見られました。

縦割り活動では、グループのリーダーとして下級生の意見も取り入れながら優しくリードする姿がとても印象的でした。○○さんのおかげで、グループの雰囲気がとても和やかになりました。

掃除が早く終わるとすぐ自分の教室に戻り、何かできることはないかと考え行動しました。１年生と一緒に机を運んだり、終わっていない分担の手伝いをしたりと、主体的に取り組めました。

陸上大会に向けて朝や放課後に練習を重ねました。誰よりも準備を早く行い、友達と一緒に練習をしている様子が見られました。最後の大会では、記録も伸びて練習の成果を出しました。

長縄記録会では、他の学級に勝つことより自分たちの最高記録を目指そうと提案し、友達と練習に取り組みました。その結果、校内１位という輝かしい記録を残すことができました。

運動会の準備でも大活躍でした。自分の仕事が終わると、「何かやることはありますか」と声を掛け、終わっていない係をすすんで手伝う頼もしい姿に感心しました。学年の手本となる行動でした。

隣のクラスが給食の準備ができなかったとき、すぐに気付いて友達を誘い、素早く準備を手伝ってくれました。すすんで人のために行動できる優しさと思いやりを備えています。

国語の「今、私は、ぼくは」で仲間と協力することの大切さを、好きなサッカー選手の言葉を入れてスピーチしました。その言葉通り、日常の生活でも思いやりを行動で示していました。

誰にでも優しく声を掛け、周りから厚い信頼を集めています。運動会ではなわとびのリーダーとして、みんなをまとめるための声掛けをして、クラスのために力を発揮することができました。

常に先のことを見通し、クラスをまとめるために力を発揮することができました。誰にでも声を掛け、すすんで行動することができ、友達からも信頼を集めています。

グループでの学習では、「○○さんはどう思う？」と皆に気を配って、話し合いを進める姿が見られました。友達の考えの良さに気付き、自分の考えに活かすことができました。

音楽会の練習では実行委員として活躍し、いつもみんなに声を掛け、励ます姿が見られました。○○さんのおかげでクラスはよくまとまり、当日は素晴らしい歌声を響かせることができました。

自分の考えと異なる点があっても、素直に耳を傾けることができます。そのため、人間関係づくりがとても上手で、どの友達とも楽しく活動することができました。

なわとびの「八の字跳び」の練習では、クラスの友達と協力して取り組みました。引っかかってしまった友達にもやさしく「どんまい！」と声を掛け、真剣な中にも温かい雰囲気をつくってくれました。

日記にはいつも、友達からされてうれしかったことや言われてうれしかった言葉が書かれていました。自らもそのような声掛けを行うことで、人間関係を上手に構築しようとする姿が見られました。

困ったり悲しんだりする友達がいると、絶対にそのままにせず優しい言葉を掛けていました。また、友達の良いところを多く見つけて伝えてくれるので、仲間から信頼されています。

最上級生として低学年をよく見て優しく接するので、下の学年の児童から慕われています。けんかを見かけたらすぐに仲裁に入り、両者の言い分を聞いて、スムーズに解決する姿も見られました。

運動会の二人三脚では、友達と息を合わせ、休み時間にも練習を重ねて本番に臨みました。仲間と共に協力して、真剣な眼差しで練習に取り組んでいた姿が輝いていました。

とても優しく、思慮深い行動ができるので、落ち着いて学校生活を送ることができています。相手のことを考え、手を差し伸べる姿勢は、友達の良き手本となっていました。

登校時に泣いている１年生を見かけ、そっと寄り添って学校に連れて来てくれました。心温まる言動が他にも見られ、同じ学級・学年の友達だけなく、誰からも慕われています。

授業中、理解ができず困っている友達がいると、自分がまとめたスライドやカードを送ってあげています。優しく寄り添いながら、できることを考えて行動する姿勢が大変素晴らしいです。

**主な
行動特性**

花を植える活動に参加／積極的に生き物を世話する／生き物に愛情や優しさをも
つ／毎日水やりや草取り／積極的に生き物の小屋を掃除／環境問題の学習で学ん
だことを日常生活に生かす／率先して校庭を掃除

新しく飼うことになったウサギの名前をタブレット端末のアプリを使っ
て募り、決めることができました。名前の紹介ビデオを制作し、全校に
放映しました。

中学校の委員会と協力して、花を植える活動に率先して取り組みました。
植えたい花についてタブレット端末でアンケートを取り、みんなの意見
を取り入れた上で、植えることができました。

すすんで**生き物係**を引き受け、係の友達と一緒にフナと金魚の水槽の**掃
除**を毎日丁寧に行っています。うれしそうにフナや金魚を観察する様子
からも、**生き物**に対する愛情や優しさが感じられます。

教室に季節の草花の鉢を置いておいたところ、友達と一緒に水をあげた
り花殻を取ってくれたりと、いつもきれいにしてくれています。生命を
いつくしむ感情が育っているようです。

美化委員として、校庭の**掃除**に一生懸命取り組みました。「木々のため
に校庭にごみを捨てないようにしましょう」と全校放送で学校中に呼び
掛けることができました。

飼育委員として、モルモットの世話を率先して行っていました。土日に
当番でない日も学校に来て懸命に世話をする姿から、○○さんの生き物
が好きという気持ちが伝わってきます。

栽培委員会の委員長として、学校の花壇の整備に励んでいます。**水やり**
や雑草処理も自分からすすんで行い、○○さんのおかげで学校の花壇は
いつもきれいな花が咲いています。

（8）「勤労・奉仕」の精神がある児童の所見文

 主な行動特性 除草作業にすすんで参加／募金活動に取り組む／運動委員としてけがをしない工夫／大人に交じって除草作業にすすんで参加／低学年の世話が上手／休み時間にコツコツと作業／人が嫌がることを率先して実施／授業後すすんで片付け／粘り強く作業

職員、保護者、高学年児童による除草作業にすすんで参加し、大人たちに交じって校庭の雑草を取り、取った雑草をビニールの袋に入れてごみ集積所に運ぶ仕事を率先して行ってくれました。

青少年赤十字委員会のリーダーとして、募金活動とアルミ缶の回収を定期的に行っていました。みんなに声掛けしてアルミ缶を潰し、ワゴンに集める作業に責任感をもって取り組みました。

運動委員会の委員長として、**運動委員**に声掛けして全校児童が使うボールの出し入れを毎日欠かさず行っていました。みんなが**鉄棒**でけがをしないように、毎日鉄棒の下にマットを置いていました。

保健委員会委員長として、他の委員と一緒になって学校全体のトイレ一つ一つを点検・掃除してトイレットペーパーの補充をしていました。汚れた手洗い場をきれいにし、せっけんも補充しました。

授業で片付けが残っている班があると、自分からすすんで手伝ってくれます。クラスのために何ができるのかをよく考え、行動しようとする○○さんは、クラスのみんなから信頼されています。

給食委員会の一員として、協力して定期的に学校全体の配膳台一つ一つを点検・清掃し、消毒液の補充をしてくれました。手洗い場をきれいにし、せっけんを補充するなど、献身的な働きぶりでした。

修学旅行の実行委員を務め、しおりの作成を行いました。素敵なしおりを作ろうと、**休み時間**や昼休みにコツコツと懸命に絵を描いたり、デザインを考えたりする姿はとても立派でした。

飼育委員会の一員としてニワトリの世話を任され、毎日欠かさず行っていました。ニワトリ小屋の掃除を嫌な顔一つせずに行うなど、動物が好きという気持ちにあふれています。

中学校と協力して、地域の人たちとの清掃活動を企画しました。小学校の代表として率先して活動し、オンライン会議でも積極的に意見を述べるなど、大活躍でした。

地域の方と協力して、アルミ缶の回収活動に積極的に参加しました。リーダーとして、タブレット端末を使ってポスターを作るなど、中心となって活動することができました。

運動会では用具係として、競技の準備と片付けを一生懸命行いました。仕事が滞っているところをすかさず見つけ、フォローに入る姿からは最高学年としての成長が感じられました。

運動委員会の一員として、全校のみんなが使うボールの出し入れを毎日欠かさず行っていました。体育の授業ではみんながけがをしないように、毎日砂の掘り起こしを行っていました。

掲示委員会として、毎週校内の掲示の貼り替えをしっかり行ってくれています。自分の役割と責任を考え、確実に仕事をする姿勢が身に付いている様子がうかがえます。

外のトイレ掃除の時、汚れていて他の子が二の足を踏むような場所でも、率先してきれいにする姿には本当に頭が下がります。仕事を終えたときの笑顔がこの上なく輝いています。

サッカー大会の実行委員として、クラスの応援歌づくりに意欲的に取り組みました。歌詞にしたい言葉をクラスのみんなからアンケートをとり、一つにまとめて歌を完成させました。

1年生との交流では、掃除の仕方を分かりやすく教えることができました。普段の生活でも掃除を懸命に行っているため、とても上手に教えることができたと思います。

（9）「公正・公平」を意識した行動ができる児童の所見文

主な行動特性

適正なルールを提案／縦割り活動でどの学年の子の意見も公正に聞く／男子と女子の意見をまとめる／公平に審判できる／特定の意見に偏らない／正・不正の判断ができる／正義感ある行動／男女関係なく遊ぶ

学年リレーでは、どのクラスも平等な条件で競い合えるルールを考え、みんなに提案しました。「どの子も楽しめるように」と常に周りのことを考えて行動する姿勢は素晴らしいものがあります。

近隣の小学校のオンライン会議に参加し、いじめをなくすためのスローガンを考えました。お互いが気持ち良く過ごすためにどうすればよいかを考え、行動しようとする姿勢は立派です。

1年生から6年生までの**縦割り活動**において、集団の**リーダー**として、自分の班をしっかりとまとめることができました。どの学年の子にも分け隔てなく耳を傾けることができています。

男子と女子で意見が分かれた時に、どちらか一方の意見を優先させることなく、両方の意見を公平に扱い、意見をまとめることができました。その公平な態度と公正な行動はとても立派です。

体育の**授業**でバスケットボールの審判をやった際、どちらのチームにも公平な態度で接し、正しく審判していました。そうした行動で、学級の友達から大きな信頼を得ることができました。

学級会の司会者として、特定の意見に偏ることなく公平に指名をし、それぞれの意見を整理することによって、学級としての意見をまとめることができました。

音楽会で苦手な子に対し、文句も言わず、粘り強く、優しく丁寧に教えている姿にとても感動しました。○○さんの優しさのおかげで、音楽会は大成功でした。

1 「ポジティブな行動特性」に関わる文例
(10)「公共心・公徳心」を大切にしている 児童の所見文

主な行動特性

タブレット端末使用のルールを作成／全体を考えて行動／学校や学級のルールを守る／学校全体を考えて掃除／図書室の本の整理整頓／社会科見学で公共の場で活動するためのルールづくり／登下校時、交通ルールを守り、下級生に教える

タブレット端末の使い方について中学校と連携し、ルールを作成しました。オンライン会議でも堂々と意見を述べ、最高学年としての成長を強く感じました。

休み時間にサッカーを楽しんだ後、自分たちの使ったボールを片付けるだけでなく、協力して他の学年が使って乱雑になっているボールをきちんと片付けるなど、全体のことを考えて行動できます。

学校や学級のルールをすすんで守ることができ、日々楽しく過ごせています。全校で**掃除**を行う愛校活動にも真面目に取り組み、みんなの模範として下級生からも信頼されています。

図書委員会の委員長として、学校全体の子どもたちが利用する図書室の本の**整理整頓**を積極的に行いました。図書室を上手に使うためのポスターを他の委員と協力して作成していました。

みんなが気持ち良く過ごすにはどうすればよいかを常に考えて行動できています。**あいさつ**運動では、あいさつの大切さを広めようと、友達と協力してタブレット端末でビデオを作成しました。

児童会活動では、**休み時間**の過ごし方について話し合い、「休み時間の決まりを守ろうキャンペーン」を行い、休み時間の決まりについて、全校児童に呼び掛けることができました。

社会科見学では実行委員を務め、公共の場で活動するためのルールを友達と話し合って決めることができました。自分も範を示して行動しようと心掛け、**校外学習**に参加していました。

（1）「基本的な生活習慣」が身に付いていない児童の所見文

親しい友達に対しても**言葉遣い**に気を付けることが大切だと知り、誰に対しても丁寧な言葉遣いで話すことができています。時と場合に応じた話し方ができるようになり、とても立派です。

少しずつ、すすんであいさつができるようになってきました。最高学年として、朝のあいさつ運動に参加したことで、あいさつをすることの気持ち良さに気付いてきたようです。

最高学年に進級し、**登校班の班長**になってからは一番最初に集合場所へ行き、集まってくる下級生一人一人に元気良く「おはようございます」とあいさつを行っています。

時間を意識することでより良い生活ができるようになりました。時計を意識し、次の活動を見通すことの大切さに気付き、行動を改善しようと努めていました。

学校では伸び伸びと生活しています。**言葉遣い**に気を付け、相手の気持ちを考えた言動ができるようになると、友達関係がさらに良くなることでしょう。引き続き声掛けを重ねていきます。

時々忘れ物をすることがありましたが、今では忘れ物をすることがめったになくなり、学習準備がいつも整っています。きちんとした生活習慣が、学習活動の充実につながっています。

日々の**授業**に真剣な眼差しで取り組んでいます。**あいさつ**を笑顔で大きな声で行い、最高学年として下級生の手本となれるように今後も声を掛けていきたいと思います。

身の回りの**整理整頓**に課題がありましたが、改善が見られてきました。片付けてから次の活動に移るという習慣が身に付いてきたのでしょう。今後も継続していけるよう声を掛けていきます。

（2）「健康・体力の向上」において課題がある児童の所見文

若年層にも生活習慣病が広がっていることを知り、食と健康について深く考えるようになってきました。食べ物をバランス良く食べるようにしたいと言って、日々の**給食**を食べています。

外で元気良く遊ぶ姿が見られるようになってきました。友達関係の変化がきっかけとなり、少しずつ**外遊び**に参加するようになってきました。運動することの楽しさに気付いてきたようです。

持久走大会の練習に、最後まで諦めることなく取り組みました。日頃より体力づくりに励むことができるように、これからもサポートを重ねていきたいと思います。

運動に苦手意識があり、体を動かすことに意欲的ではありませんでしたが、スモールステップで目当てを達成し、運動の楽しさを味わえました。今後、さまざまな運動に挑戦してほしいです。

薬物の害に興味・関心を持っていませんでしたが、学習を進めるうちに、自分たちにとって身近にある深刻な問題であることを知り、真剣に学習していました。

休み時間は教室で友達と話して過ごすことが多かったようですが、最近は**外遊び**を楽しむ姿が見られるようになってきました。外で元気よく遊ぶことの楽しさに気付いてきたようです。

運動会の練習では、一生懸命頑張り、運動に対する苦手意識も少しずつ払拭されてきました。引き続き運動に対して諦めず取り組む姿勢が保てるように今後も声掛けをしていきます。

バスケットボール大会では、一生懸命練習を行いました。大会を通して、運動する楽しさを感じてくれたようです。今後もその楽しさが広がるように、励ましていきたいと思います。

（3）「自主・自律」を意識した行動ができない児童の所見文

学期当初に比べ、最高学年になったという立場の変化を自覚しています。全校のために役立とうとする意識から、**委員会活動への取り組み**が積極的になりました。

普段は周りの友達に流されてしまうことが多いのですが、個別に話すときちんと善悪の判断ができています。次学期は自分で考えて行動ができるようになることを期待しています。

何かを決めるときには、友達の意見に合わせることが多かったようですが、**縦割り活動ではリーダー**として、自分から下級生に優しく声を掛ける姿が見られました。

学期の最初の頃は宿題を提出しないなど、目標に向かって努力しようとする意欲が感じられませんでしたが、学期の後半には忘れずに提出するようになるなど、意欲的に取り組めるようになりました。

最初の頃は、自分がすべきことよりもしたいことを優先していましたが、次第に時間やルールを守った行動ができるようになりました。今は優先順位を考えた最高学年らしい行動が見られます。

（4）「責任感」を伴った行動ができない児童の所見文

掃除の時間に手を抜くことがありましたが、担任が一緒になって掃除を行い、一生懸命にきれいにする良さを感じると、それまでとは打って変わって隅々まで掃除をするように成長しました。

修学旅行実行委員に立候補したものの、事前の話し合い活動では忘れてしまうことがありました。でも、旅行当日はとても頑張っていました。ぜひこの経験を今後に生かしてほしいと思います。

委員長に立候補したものの、自分の役割を忘れてしまうことが何度かありましたが、同じ委員会の友達に助けてもらうことで、少しずつ委員長らしい姿を見ることができるようになってきました。

これまでは自分の思いだけで先走ってしまい、友達とうまくいかないこともありましたが、運動会の用具係では、友達と協力して最後まできっちりやろうとする姿が見られました。

委員会活動では、当初は友達に促されてから行動する傾向が見られたものの、全校児童のための活動であることを自覚・理解してからは、自らすすんで活動に取り組めるようになりました。

2 「ネガティブな行動特性」に関わる文例

（5）「創意工夫」を凝らした活動ができない児童の所見文

委員会紹介では、タブレット端末でスライドショーを作り発表しました。絵を入れたり、字を大きくしたり、担当の先生や友達からのアドバイスを素直に聞いて、分かりやすい発表ができました。

金子みすゞさんの詩を読んでから、人と違う発想を大事にできるようになりました。「委員会紹介」ではユニークな方法で、下級生に委員会活動のことを伝えることができました。

自ら物事を探究する姿勢が少しずつ身に付いてきました。特に総合的な学習の時間でICTを効果的に活用し、調べたことをまとめて発表する姿は目を見張るものがありました。

委員会活動で自分の意見を発表する場面では、じっくりと時間をかけながら○○さんなりの考えを発表することができました。さらに思いや考えが伝えられることを期待しています。

「新聞づくり」で悩んでしまうことがありましたが、友達の作品を参考にするようにアドバイスしたことで、得意のイラストやユーモアを生かして、読みたくなる楽しい新聞を作ることができました。

（6）「思いやり・協力」の姿勢がない児童の所見文

登校班で**班長**になってから、下級生に対して思いやりをもって接する優しい姿がたくさん見られるようになりました。これからも最上級生として、活躍してくれることを期待しています。

林間学校を機に、生活態度に変化が見られるようになりました。**授業に**遅れた際、「遅れてすみません」と言ってから教室に入るなど、礼儀正しさが着実に身に付いてきています。

当初は人の話を最後まで聞けずにいましたが、少しずつ集中力を切らさずに話を聞けるようになってきました。ICT を活用した友達の発表に耳を傾けている姿に、確かな成長を感じました。

バトンパスがうまくいけばタイムが縮むことを実感してから、**クラス対抗リレー**の練習に友達と協力して取り組めるようになりました。声を掛け合い練習する姿に、成長が感じられます。

当初は 1 年生への接し方に戸惑っていましたが、少しずつ 1 年生の目線で寄り添えるようになっていきました。今では慕ってくれる 1 年生と手をつなぎ、照れながらもうれしそうに遊んでいます。

（7）「生命尊重・自然愛護」の心がない児童の所見文

園芸委員として、**植物の水やりや植え替え**を行うことで、植物への関心が高まりました。学校の植物を端末のスライドでまとめ、全校に紹介する活動に意欲的に取り組む姿が見られました。

校外学習などで目にした自然に、当初はさほど関心をもてない様子でしたが、その場にいたゲストティーチャーから自然保護の話を聞いてからは、自然を大切にする姿が見られるようになりました。

クラスで飼っている金魚を世話する**係**でしたが、当初はあまり興味がなく、水槽が汚れることもありました。魚の卵を見つけたことで、**生き物**の気持ちに寄り添って世話をするようになりました。

生き物係として、教室のメダカの世話をする中で、さまざまな生き物に興味をもつようになりました。興味をもった**生き物**について調べ、特徴やイラストを描いて皆に紹介することができました。

理科などで学ぶ命のつながりについて、当初は全く興味を示すことがありませんでしたが、兄弟が生まれたり、いとこが増えたりしたことで、命のつながりへの関心を高めていきました。

2 「ネガティブな行動特性」に関わる文例
（8）「勤労・奉仕」の精神がない児童の所見文

卒業に向けての**奉仕作業**では、「6年間お世話になった学校にできることをやろう」という目標を意識したことで、実践への関心が高まり、自分たちに何ができるかを考えることができました。

運動会では、得点係としての仕事を頑張っていました。「**運動委員**として学校のために働く」という意識が高まり、常時活動を忘れずに行うことができるようになりました。

全校清掃では、働くことを面倒に思うこともありましたが、下級生と共に活動する中で仕事のやりがいを見つけ、積極的に清掃する姿を下級生に見せるなどして良き手本となりました。

当初は地域の川が汚れていても気に留めませんでしたが、**総合的な学習の時間**で、地域の川について学習してからは、川沿いに落ちているごみを積極的に拾い、地域に奉仕する姿勢が見られました。

委員会活動を通して、みんなのために働くことの大切さに気付きました。自分から仕事を見つけたり、率先して行ったり、仕事に対する姿勢も変化しました。

（9）「公正・公平」を意識した行動ができない児童の所見文

修学旅行では、友達に誘われて持ってきてはいけないものを持ってきてしまいましたが、自ら反省し、その後は学校生活のルールを守れています。今後も見守っていきます。

やってはいけないことについて頭では理解している様子ですが、やってしまうことが何度かありました。善悪の判断が行動につながっていくように支援していきます。

自分がよければ悪い方向へ手を出してしまう場面が見られましたが、ルールをしっかり意識し、正しい判断ができるよう考えさせることで、自分の行動を自制することができるようになりました。

「自分が正しい」と意見を変えられないことがありました。しかし、多くの人の考えを聞くことでより良い考えが生まれる体験ができ、今では広い視野で物事を考えられるようになってきています。

（10）「公共心・公徳心」を大切にしていない児童の所見文

きまりを意識して生活しています。最高学年としての自覚の芽生えから、下級生のお手本となる姿を見せようと努力しています。来年度からの中学校生活に向けて、成長が見られます。

社会科見学で国会議事堂を訪れた際、驚きのあまり声を発してしまう場面がありましたが、「静かに見学する」というルールを思い出し、自ら改善することができました。

修学旅行先の旅館で、夜遅くまで起きてしまっていましたが、旅館には一般のお客さんもいることが分かると、その人たちに迷惑がかからないよう、考えを改めることができました。

3 「学習面の特性」に関わる文例
（1）国語に関わる所見文

◆「知識・技能」に関わる文例

特性キーワード　三字熟語の構成を理解／漢字の複数の意味を理解／古文の大筋を理解／比喩、体言止め、色彩描写を理解／敬語の使い分け／正しい字形と筆順

教材「三字以上の熟語の構成」では、三字**熟語**の由来に関心をもち、漢字**辞典**を活用して三字熟語を集め、その構成について理解し、語彙を増やしながら適切に使うことができました。

教材「複数の意味をもつ**漢字**」では、複数の意味をもつ漢字が構成する**熟語**の意味に関心をもち、国語**辞典**や漢字辞典を使って複数の意味をもつ漢字をそれぞれを調べ、比べることができました。

教材「春はあけぼの」の文章に触れ、親しみやすい**古文**や**漢文**、近代以降の**文語調**の文章について内容の大筋を知り、**音読**するなどして、言葉の響きやリズムに親しむことができました。

教材「世代による言葉のちがい」では、時間の経過による言葉の変化や世代による言葉の違いに気付き、共通語と方言の違いを理解し、**漢字**や**仮名**の由来や特質などを理解することができました。

教材「雨」では、「雨」を使った言葉の多様さに気付き、**辞典**を活用して、その語句の由来、語句の構成、変化などを理解しました。また、「雨」に関わる表現を集めることができました。

教材「川とノリオ」（**物語**）では、繰り返し、比喩、体言止め、色彩描写など工夫された表現の効果を理解し、本文中の表現の工夫や語感、言葉の使い方に気付くことができました。

教材「熟語の使い分け」では、「大事」と「重要」のような意味のよく似た**熟語**の使い方の違いを理解し、自分で書く文章の中で、語感や言葉の使い方を意識して適切に使い分けることができました。

教材「音を表す部分」（漢字の広場）では、「青」を含む漢字を例に、形声文字の音と意味、成り立ちを理解して、文中の**熟語**を適切に読むことができました。

教材「同じ訓をもつ**漢字**」では、「明ける・開ける・空ける」を例に、それぞれの意味の違いを理解し、どれが文脈に沿って適切な漢字なのかを選び、使うことができました。

書写「学習のまとめ」では、文字の形の大きさの違い、字間・行間、上下・左右の余白の取り方などの「調和のさせ方」を正しく理解して、書くことができました。

日頃、**敬語**を使って話す機会が少ないのですが、教材「敬意を表す言い方」では、話す場面や相手に合わせた敬意を表す言い方を理解して、敬語を使い分けることができました。

パネルディスカッションを知らなかったのですが、教材「地域の防災について話し合おう」で、パネルディスカッションのし方を知り、意見の違いを大事にしながら実際に行うことができました。

日頃、あまり**主語**と述語の関係を意識して文を書きませんでしたが、教材「主語と述語の対応をみる」では、意識して主語と述語の対応を確認することで、正しい文章が書けるようになってきました。

教材「きつねの窓」（**物語**）で、語感、言葉の使い方に対する感覚などについて関心をもてるようになってから、文章を読むとき、語句と語句との関係、文末表現の効果などに気を付けています。

伝統的な言葉遊びをする機会はあまりありませんが、教材「『知恵の言葉』を集めよう」で、昔から継承されてきた物の名前や物事の手順について知り、楽しみながら友達と交流できました。

◆「思考・判断・表現」に関わる文例

構成を工夫して分かりやすく話す／考えや意見を図に表す／事実と意見を区別して表現／叙述を引用して書く／表情や態度に気を付けて話す／想像して書く

教材「考えや意見をノートにまとめよう」（書く）では、自分の考えたことを文章にするときに、目的や意図に応じて、考えや意見を図に表して、広げたり、深めたりして、考えを書いていました。

教材「『薫風』『迷う』を読んで、**随筆を書こう**」（読む）で、筆者が取り上げている言葉と出来事の関係を考えながら読み、事実と意見を区別して短い文章を書くことができました。

教材「パンフレットで知らせよう」（書く）では、どんなパンフレットを作るかを決めて、作る目的や内容に合わせて引用したり、図表を用いたりして、分かりやすく書いていました。

教材「雪は新しいエネルギー」（読む、書く）では、筆者の考えや説明のし方について自分が考えたことを文章にまとめ、友達と書いた文章を互いに読み合い、考えの交流を行うことができました。

物語「川とノリオ」（読む、話す・聞く）では、優れた表現に表れた登場人物の心情の変化に気付くとともに、丁寧に読み、登場人物の心情の変化をノートに書きまとめ、発表することができました。

教材「会話を広げる」（話す・聞く）では、言葉でないと伝わらない考えや気持ち、言葉に表せない気持ちについて考え、表情や態度にも気を付けて相手や場面に応じて話し、聞くことができました。

教材「**随筆を書こう**」（書く）では、考えたことから書くことを決め、事実と意見を区別するとともに、目的や意図に応じて引用したり、図表やグラフを活用したりして詳しく書くことができました。

物語「きつねの窓」（読む、書く）では、ファンタジー作品の特徴を捉えながら登場人物の心情の変化を読みました。自分自身が登場人物になって、想像したことを文章に書くこともできました。

教材「自分の考えを発信しよう」（書く）では、考えたことから書くことを決め、説得力が増すように資料から文を引用したり、図表やグラフを活用したりして事実と意見を区別して書いていました。

話し手の意見を聞き、自分の意見を発表するのが苦手でしたが、教材「教えて！あなたの『とっておき』」（話す・聞く）で、他の意見と自分の意見のつながりを考えて発表することができました。

文章の構成を工夫して書くことが苦手でしたが、教材「**随筆を書こう**」（書く）で、全体を見通して書く事柄を整理し、事実と意見を区別して、段落のつながりに気を付けて書くことができました。

「意見の違いを大事にして考えを深めること」に気付き、教材「地域の防災について話し合おう」（話す・聞く）では自分の役割を理解し、テーマに沿った**パネルディスカッション**ができました。

言葉がその時代の人々とともに変化してきたことを初めて知り、教材「言葉は時代とともに」（書く）では、自分で取材した言葉の変化を事実と意見を区別して、自分の意見を書くことができました。

◆「主体的に学習に取り組む態度」に関わる文例

特性キーワード 積極的に情報を収集・整理／話し手の意図を主体的に推察／見方・感じ方を味わいながら音読／友達と積極的に意見交流

教材「パンフレットで知らせよう」では、グループで協力して必要な情報を収集し、全体を見通して情報を整理し、読む人が分かりやすい構成・割り付けを考えてパンフレットを作りました。

自分が通う学校を案内するパンフレットを作るために、積極的に必要な情報を収集し、全体を見通して情報を整理し、読む人が分かりやすい構成・割り付けを考えて記事を書くことができました。

話し手の意図は何か、共に考えたいことは何かを考えながら、自分の意見と比べて聞いていました。また、お互いの意見を出し合い、グループで意見を一つにまとめていました。

教材「雪は新しいエネルギー」を筆者の説明の仕方に着目して読み、特に感心したことや納得したことをもとに、雪エネルギーの利用についての自分の考えをまとめる文章を書くことができました。

古典の文章に触れ、**文語調**の文章のリズムや響き、昔の人の見方・感じ方を味わいながら**音読**していました。また、自分の感じる季節感を**随筆**に書いて、交流していました。

物語「川とノリオ」を読んで、優れた表現で表された情景描写や登場人物の心情の変化に気付くとともに、戦争がもたらした悲劇について考え、感想や意見の交流をすることができました。

二人一組で、お互いに「おはよう」と言い合い、言われ方によってどのような感じ方の違いがあるか、また、なぜそのように感じるのかについて考え、友達と意見の交流をしていました。

身近に起こった出来事や人の行動を題材にして文章に表し、それをもとに自分のものの見方や考え方をもう一度見つめ直したり、読む人に自分の考えがよく伝わる**随筆**を書いたりしていました。

物語「きつねの窓」では、子ぎつねからもらった素敵な指の窓を覗き込んだときの僕の切ない気持ちを叙述をもとにして読み取り、友達と感想の交流をすることができました。

教材「書評を書いて話し合おう」では、読んだ本の中から好きな本を選び、友達に分かりやすい言葉を使って、より良く伝わるような構成で本の**書評**を書き、お互いに紹介し合うことができました。

読んだ本のあらすじや特徴を捉え、学級の友達によりよく伝わるような構成で、分かりやすい言葉を使った「私の大切な一冊」という本の**紹介文**を書き、お互いに紹介し合うことができました。

伝記「伊能忠敬」を読み、自分との共通点や相違点を見つけて、忠敬の生き方で深く考えさせられたところや自分に取り入れたいところを考え、ノートに書くことができました。

1年生に向けて物語を書く学習では、どんな登場人物で、どんな展開にするかを考えて決めるのは難しかったのですが、学習の進め方を手掛かりにして**物語**を書くことができました。

　教材「地域の防災について話し合おう」を繰り返し読み、自分たちでパネルディスカッションのテーマを設定・準備し、他のパネラーとの意見の違いを大事にしながら、意欲的に参加していました。

　論説文「ぼくの世界、君の世界」を読み、筆者が取り上げた事例と自分が体験した事例を比べ、また、繰り返し読むことで深く理解しながら読むことができました。

　説得力をもった文章を書くのが苦手でしたが、伝えたいことの根拠を明らかにするとともに、読み手によく伝わる構成を考えることができ、自分オリジナルの**意見文**を書くことができました。

　昔の言葉と今の言葉が違うことを知っていましたが、「言葉は時代とともに」を読み、言葉の変化について知ることができました。また、言葉の変化について、すすんで調べようとしています。

3 「学習面の特性」に関わる文例
（2）**社会に関わる**所見文

◆ 「知識・技能」に関わる文例

特性キーワード 政治の仕組みを理解／縄文時代・弥生時代の理解／貴族政治や武家社会の理解／室町文化の理解／戦国時代の流れを理解／江戸幕府の政策を理解

　「わたしたちの生活と政治」の学習では、国の政治の仕組みについて調べ、政治は自分たちの暮らしと深く関係し、国民の生活をより良くしていく役割を担っていることを理解することができました。

　「縄文のむらから古墳の国へ」の学習では、想像図から読み取ったことをもとに、縄文時代と弥生時代の人々の暮らしを比較し、その違いについて理解することができました。

「天皇中心の国づくり」の学習では、聖徳太子をはじめ当時の政治を担う人々が天皇中心の国づくりを進めるために、さまざまな決まりや政治の仕組みを築いていったことを理解することができました。

「貴族のくらし」の学習では、藤原道長の政治の行い方や、貴族の人々の暮らしから生まれたかな文字や年中行事などの日本特有の文化について理解することができました。

「武士の世の中へ」の学習では、武士が力をつけ、貴族に代わって政治を行うようになったことや鎌倉幕府の政治の仕方、幕府と武士の関係について、理解することができました。

「今に伝わる室町文化」の学習では、書院造や墨絵、茶の湯などについて調べ、室町時代には現代の生活につながる文化が生まれたことを理解することができました。

「戦国の世から天下統一へ」の学習では、長篠合戦図屏風から、織田信長の戦い方の工夫を読み取り、天下統一に向けてさまざまな政策を進めていったことを理解することができました。

「戦国の世から天下統一へ」の学習では、教科書や資料集、インターネットを活用して、織田信長と豊臣秀吉の業績を調べました。また、調べたことを歴史新聞に丁寧にまとめていました。

「江戸幕府と政治の安定」の学習では、江戸幕府は参勤交代や鎖国などさまざまな政策を進めることで、政治を安定させていったことを理解することができました。

「町人の文化と新しい学問」の学習では、多くの人物や芸術などが登場し、たくさんの資料を読み取ることが大変そうでしたが、江戸時代は町人が活躍した時代だということが分かりました。

「明治の国づくりを進めた人々」の学習では、**年表**からたくさんの情報を読み取ることに苦労していましたが、関係図を作って説明することで、出来事のつながりが理解できるようになりました。

「世界に歩みだした日本」の学習では、たくさん登場する歴史人物に戸惑っていましたが、付箋アプリにまとめて整理し、友達と共有することで、理解を深めることができました。

「長く続いた戦争と人々のくらし」の学習では、**国語の「ちいちゃんのかげおくり」**の学習などと結びつけながら学習を進めることで、戦争が国民の生活に与えた影響を理解しようとしていました。

◆「思考・判断・表現」に関わる文例

特性キーワード 戦後の復興について説明／歴史を学ぶ意義をまとめる／国際社会における日本の立場をまとめて発表／日本特有の文化について調べまとめる

「新しい日本、平和な日本へ」の学習では、焼け野原になった写真と東京オリンピックの写真を比較することで、戦後の日本がどのように発展していったのかについて問いをもつことができました。

歴史学習を終え、学習してきたことを振り返る活動では、「なぜ歴史を学ぶのか」という問いに対して、学習してきたことをもとに、自分の考えを**意見文**にまとめることができました。

「日本とつながりの深い国々」の学習では、日本と調べた国の共通点や相違点について考えました。さらに、日本がこれからも国際交流を進めていくために必要なことを考え、まとめました。

「世界の未来と日本の役割」の学習では、世界のさまざまな課題の解決に向けて日本が行っている取り組みについて調べ、自分の考えをまとめ発表できました。

「わたしたちの生活と政治」の学習では、憲法や国の政治の仕組みについて調べ、「政治は誰のために何を目的として行われているのか」という問いに対し、自分の考えをまとめました。

「縄文のむらから古墳の国へ」の学習では、想像図から読み取ったことをもとに、縄文時代と弥生時代の人々のくらしの違いや変化について考え、まとめることができました。

「天皇中心の国づくり」の学習では、調べたことをもとに、聖徳太子たちが目指した国の在り方について考え、学習問題に対するまとめとして、表現することができました。

「貴族のくらし」の学習では、貴族の政治の行い方や、日本特有の文化が生まれるに至った当時の世の中の様子について調べ、貴族の暮らしやこの頃の文化の特色を考え、表現することができました。

「武士の世の中へ」の学習では、平清盛と源頼朝の政治のやり方を比べてみるよう助言したところ、頼朝は清盛と違い、武士を中心にした政治を目指していたことに気付くことができました。

「今に伝わる室町文化」の学習では、室町時代に生まれた文化と現代の私たちの暮らしの共通点について考え、室町文化の特色について考えようとしていました。

「戦国の世から天下統一へ」の学習では、織田信長と豊臣秀吉の業績を調べました。友達から助言を受けながら、二人の共通点や相違点について考えていました。

「江戸幕府と政治の安定」の学習では、江戸幕府が参勤交代や鎖国などの多様な政策を進めた理由を考えました。政策の影響を受けた人々の立場を示すことで、政策の意図に気付くことができました。

◆「主体的に学習に取り組む態度」に関わる文例

特性キーワード 資料を読み取り積極的に話し合う／過去の人物に関心をもって調べる／国際交流を進める方法を積極的に検討／世界にある課題の解決について意欲的に発表

学習問題を解決するために、学習計画に沿って調べを進めました。調べることや調べる方法を明確にすることで、見通しをもちながら学習を進めることができました。

「町人の文化と新しい学問」の学習では、たくさんの資料を意欲的に読み取り、積極的に話し合いに参加することで、江戸時代の文化の特色について考えようとしていました。

「明治の国づくりを進めた人々」の学習では、幕末に活躍したさまざまな人たちに関心をもち、人物の考え方や行ったことを意欲的に調べ、まとめようとしていました。

調べたことをまとめていく場面では、学習を振り返り、学習問題を解決する上で足りない情報を集めようと追究していました。学習を見直したり振り返ったりする力が身に付いてきています。

「世界に歩みだした日本」の学習では、今と異なる日本の国際的な立場に驚いていました。たくさん登場する人物についても関心をもち、カードにまとめようとしていました。

「長く続いた戦争と人々のくらし」の学習では、戦争中の人々のくらしに関心をもち、当時の人々の立場や思いを考えながら、学習を進めることができました。

「新しい日本、平和な日本へ」の学習では、戦争で焼け野原になった日本が、どのようにして現在のような豊かな国へと発展していったのかを考えるために、意欲的に資料探しをしていました。

歴史学習を終え、学習してきたことを振り返る活動では、「なぜ歴史を学ぶのか」という難しい問いに対して、学習してきたことをもとに一生懸命考え、自分なりの結論を見つけようとしていました。

「日本とつながりの深い国々」の学習では、自分が調べたい国を選び、学習計画に沿って学習を進めていきました。同じ国を調べる友達と情報を交流しながら、まとめることができました。

「世界の未来と日本の役割」の学習では、世界にある課題の解決に向けて、日本はこれからも世界に貢献する活動を続けていくべきであるという考えをもち、友達に自分の考えを説明していました。

6年生から始まった政治の学習に苦手意識を感じていました。しかし、日本国憲法についての学習を通して、生活と政治との関わりに気付き、少しずつ関心をもつことができるようになってきました。

6年生になり、歴史の学習にあまり興味がもつことができませんでしたが、さまざまな歴史上の人物の活躍を調べているうちに、当時の人たちの思いや業績に関心をもち始めることができました。

歴史学習に苦手意識を感じていたようですが、登場人物同士のつながりや、出来事の関係を見ていくことで、歴史学習に興味をもつことができるようになってきました。

たくさんの出来事や人物を覚えるのが大変だと話をしていましたが、ICT機器を使って動画を見たり、写真を見たりすることで、少しずつ歴史に興味をもち始めました。

歴史は過去のことであるため、学ぶ意味を感じることが難しかったようですが、歴史を学ぶ意味をあらためて考えることで、歴史は未来を考えるヒントになるものだと考えるようになりました。

3 「学習面の特性」に関わる文例
（3）算数に関わる所見文

◆「知識・技能」に関わる文例

特性キーワード 線対称・点対称を理解／分数のかけ算・わり算ができる／比のつくり方・性質を理解／拡大図と縮図を理解／比例・反比例の理解

対称な図形の学習では、線対称、点対称な図形の意味や性質について理解し、対応する辺、角、点の位置に気を付けながら、線対称、点対称な図形をかくことができました。

文字と式の学習では、数量の関係を文字を用いて式に表すことを理解し、式から具体的な場面に表したり、文字に数を当てはめて調べたりすることができました。

分数のかけ算の学習では、整数や小数について成り立つ交換、結合、分配法則は、分数の場合でも成り立つことを、計算を通して理解することができました。

分数のわり算の学習では、わる数を逆数にしてかければ答えが求められる理由についてしっかりと理解し、順序立てて説明することができていました。

分数のわり算の学習では、真分数÷真分数の計算のし方を図や式を用いて考え、わる数を逆数にしてかけていけば、答えが求められることに気付くことができました。

比の学習では、等しい比同士の関係を調べることを通して、等しい比のつくり方と比の性質について理解し、それを用いて比を簡単にすることができるようになりました。

拡大図と**縮図**の学習では、もとの**図形**と形が同じ図形について、対応する辺の長さの比や角の大きさを調べ、そこから正確に「拡大図」「縮図」を作図することができました。

円の面積の求め方の学習では、円をおうぎ形で細かく等分割していくと、より正確な面積の値に近づくことに気付き、そこから円の面積を求める公式を理解することができました。

角柱と**円柱**の体積の求め方を考える学習では、既習の内容から角柱や円柱の体積は底面積×高さにまとめられることを理解し、角柱や円柱の体積を公式を用いて求めることができました。

およその面積と体積を求める学習では、身の回りにある物の形について、その概形を捉えることで、およその面積や体積を求められることを理解し、面積や体積を求めることができました。

比例と**反比例**の学習では、その意味や性質、表やグラフの特徴について理解し、比例や反比例の関係にある二つの数量の関係を「x」や「y」の文字式を用いて問題を解くことができました。

並べ方と組み合わせ方の学習では、順列や組み合わせについて、落ちや重なりのないように調べるには、ある観点に着目したり、図や表などにかき表したりするとよいことを理解していました。

対称な図形の学習では、線対称、点対称な図形の意味や対応する辺、角、点の位置などを理解しました。作図の部分で悩む姿が見られましたので、実際に紙を切って考えました。

数量やその関係を式に表す学習では、言葉や□○などの代わりに、文字を用いて式に表すことに苦手意識をもっているようでした。具体的な数字を当てはめて考えられるよう、支援をしていきます。

分数のかけ算の学習では、分数×分数の練習問題などは理解ができていましたが、交換、結合、分配法則を使う場合には理解が不十分な場面が見られたので、教材を工夫するなどして支援していきます。

分数のわり算の学習では、真分数÷真分数の計算のし方がまだ定着していない様子が見られました。割る数の逆数をかけて商を求めるよう、反復学習を通じて定着を図っていきます。

割合の表し方の学習では、**比**の意味と表し方が難しかったようです。簡単な数字に置き換えると理解できるので、スモールステップで学習に取り組んでいきました。

割合の表し方の学習では、比の意味と表し方についての理解が不十分な場面が見られました。**授業中、数直線を使うこと**などを助言しながら、理解ができるよう支援していきます。

◆「思考・判断・表現」に関わる文例

特性キーワード 図形について考え説明できる／図や式を使って分かりやすく発表／式を応用して体積を求められる／データをドットプロットに整理／数量や関係を式に表す

形が同じで大きさが違う図形を調べる学習では、合同の意味や**比**の考えをもとに、**拡大図、縮図**を作図する方法を学級全体に分かりやすく説明してくれました。

円の面積の求め方を考える学習では、複合図形の面積の求め方をいくつも考え、自分の考えた求め方について、図や式を使って分かりやすく発表することができました。

角柱と円柱の体積の求め方を考える学習では、直方体を組み合わせた図形の体積を求めるのに、底面積×高さの式が使えないか考え、角柱の体積を求める式でできることをまとめました。

およその面積と体積を求める学習では、いろいろな物のおよその容積や体積・面積を求めることができました。教室や学校の容積を自ら考えるなど、主体的な姿も見られました。

比例の関係を詳しく調べる学習では、画用紙300枚を全部数えないで用意する方法を考え、画用紙の重さは枚数に比例する原理を使って求められることを発表することができました。

並べ方と組み合わせ方の単元では、順列について、落ちや重なりのないように調べる方法を考え、表や樹形図を用いた調べ方について分かりやすく説明をすることができました。

データの調べ方の単元では、データをドットプロットに整理する方法を理解し、自分の考察したデータの散らばりの様子を表計算ソフトで表し、説明することができました。

数量やその関係を式に表す学習では、x、yを用いて表された式を見て、いろいろな場面をつくり、それを言葉や図で表すことができました。楽しい内容で友達からも称賛されていました。

分数のかけ算の単元では、立式の際になぜその式になるのか理由を考え、説明することができました。かける数が小数でも分数に直して計算すれば楽に計算ができることにも気付きました。

分数のわり算の学習では、わる数の逆数をかければ商が求められることの意味を理解し、それを図や式などを使いながら、学級に分かりやすく説明してくれました。

割合の表し方を調べる学習では、比を簡単にする方法で悩む姿が見られました。等しい比同士の関係を使ったり、比の値を求めると求めやすくなることを助言し、定着が図られてきました。

形が同じで大きさが違う**図形**を調べる学習では、**拡大図・縮図**の作図に困っているようでしたが、パソコンでの図形の拡大・縮小が同じであることに気付き、その方法で表すことができました。

円の面積の求め方を考える学習では、公式を考える場面でつまずきが見られました。問題を改めて解くとともに、円の面積の公式の求め方について復習を重ね、着実に理解ができてきています。

円柱の体積の求め方を考える学習では、理解が難しいようでしたので、シュミレーションソフトで実際に平面図形が重なって立体になる様子を見せながら、学習を進めました。

角柱と**円柱**の体積の求め方を考える学習では、既習の**直方体**の体積の公式にこだわってしまい、底面積×高さの公式が理解できなかったようでしたので、教え方を工夫するなどして支援していきます。

およその面積と体積を求める学習では、各都道府県のおよその面積を求める際に戸惑いが見られました。**縮図**についての復習もすることで、理解が図れるように支援しています。

◆「主体的に学習に取り組む態度」に関わる文例

特性キーワード 興味をもって意欲的に学習／学習事項を日常生活に応用／自分からどんどん問題を解く／興味をもって探究／図形の性質を意欲的に確認

比例と**反比例**の学習では、反比例の関係のグラフの形に興味をもったようで、さまざまな反比例の式からグラフをかくことに、積極的に取り組む様子が見られました。

並べ方と組み合わせの学習で、学習した組み合わせを使って学級のリレーの走順のパターンを出す様子が見られました。学習したことをすぐさま生活に生かす姿に感心しました。

データの特徴を調べる学習では、パソコンの表計算ソフトを使うことで、さまざまな種類のグラフが簡単にかけることを知り、とても意欲的に活動に取り組んでいました。

つり合いの取れた**図形**を調べる学習では、**折り紙**で作った線対象の図形の面白さに気付き、蝶や雪の結晶模様などさまざまな対象図形を作る意欲的な姿が見られました。

文字と式の学習では、それまで□や○で示していた値を、xやyで表すことを理解し、その後の計算問題では、積極的に文字を使って解こうとする姿が見られました。

分数のかけ算の学習では、分母同士、分子同士をかければ答えが出ることから、「分数の足し算より簡単」と、自分からどんどん問題を解く姿が見られました。

分数のわり算の学習では、分数を分数でわることの意味を図や式を用いて考えました。理解が難しい部分ですが、2通りの方法を考え、公式へとつなげることができました。

比の学習では、教科書の方法だけでなく、内項の積と外項の積が等しくなることを発見し、そこからxやyを使って値を求めるという方法を考えだしました。

拡大図と**縮図**の学習では、縮図をかいて実際の長さを求める活動で、どんなに大きなものでも縮図を使えば長さが求められることに興味を示しており、校舎の高さを計算することができました。

円の面積の求め方を考える学習では、円の面積は円をおうぎ形で細かく等分割していく方法で求められることを知ると、自分で紙を切り、確かめようとする姿が見られました。

円の面積の求め方を考える学習では、円の面積の求め方が分からず、意欲が湧かない様子でしたが、公式で求められることに気付いてからは、前向きに取り組めるようになりました。

円の面積の求め方を考える学習では、友達の発表を聞くことで、公式に当てはめれば面積が求められることに気付き、それからは前向きに取り組めるようになりました。

分数のかけ算・わり算の学習では当初、問題を解こうとしませんでしたが、分母同士、分子同士をかければ商が求められることが分かってからは、意欲的に問題と向き合うようになりました。

比例と反比例の学習では、比例については理解できましたが、反比例については理解が難しかったようですが、周りの友達から教えてもらいながら問題を解くことができました。

並べ方と組み合わせの学習では、問題文の意味が難しかったようで、初めはあまりやる気が見られませんでしたが、図や表などを用いて求められることに気付いてからは、意欲的に取り組めました。

並べ方と組み合わせの学習では、組み合わせの総数を求める問題で、友達に教えてもらうことで樹形図をかけば求められることに気付き、少しずつですが理解が深まっていきました。

データ調べの学習では、グラフに対して苦手意識があったようでしたが、表計算ソフトでグラフがかけることを知ってからは、そのグラフをつくる作業に興味が湧いたようでした。

3 「学習面の特性」に関わる文例
（4）理科に関わる所見文

◆「知識・技能」に関わる文例

特性キーワード 物の燃え方を理解／消化の仕組みを理解／植物のつくりを理解／月と太陽の違いを理解／地層の特性を理解／てこの原理を理解／電気の性質を理解

物の燃え方と空気の学習では、適切に実験を行い、物の燃える前と燃えた後の空気の様子を理解することができました。空気の様子のモデル図を描き、友達に分かりやすく発表できました。

地層の学習では、興味をもって学習に取り組んでいました。日本で見られる珍しい地層の様子について、タブレット端末で映像をたくさん見て、理解を深めていました。

てこを利用した身近な道具について、教科書だけではなくタブレット端末の映像やアニメーションなどを使って一生懸命調べました。そのおかげでよく理解できています。

動物の体の働きについて、タブレット端末で消化や呼吸で学んだことを上手に組み合わせてまとめることができました。グループ発表も上手に行い、しっかりと理解していることが分かります。

植物の体の働きを調べる学習では、根、葉、茎についてしっかり観察を行い、水の通り道を調べました。結果を1枚の紙にまとめ、着実に理解をすることができました。

月と太陽の学習では、月と太陽をインターネットで調べ、その違いを理解することができました。月の見え方について、モデル実験を友達と協力して行い、月の形を再現することができました。

火山灰の観察では、顕微鏡を適切に使いながら、その様子を丁寧に記録することができました。他の観察もすすんで行い、地層の種類によって含まれる成分が違うことを理解することができました。

てこの学習では、「支点」「力点」「作用点」の用語を確認しながら実験をしていました。物を楽に持ち上げるためには、力点と作用点の位置を工夫すればよいことを理解することができました。

電気を作る学習では、モーターの軸を回すと電気を作ることができることを、実験を通して理解することができました。発電所の仕組みにも興味をもち、自分からすすんで調べることができました。

水溶液の学習では、リトマス紙を正しく使い、酸性やアルカリ性の水溶液について理解することができました。その水溶液の特徴をしっかりと捉え、ノートに詳しくまとめることができました。

動物の体の働きでは、一生懸命学習に取り組んでいました。人の体の消化器の名称について、もう一度教科書やタブレット端末で復習すると、さらに理解が深まると考えます。

物の燃え方の学習では、興味をもって**実験**に取り組むことができました。燃える前と燃えた後の**空気**の成分の違いについてもう一度復習をしておくと、今後の学習に生かすことができるでしょう。

太陽と**月**の単元では、すすんで学習に取り組んでいました。月の位置と見え方の関係について、タブレット端末のアニメーションやシミュレーションアプリでもう一度確かめるとよいでしょう。

植物の体のつくりの学習では、すすんで学習に取り組みました。それぞれの**実験**について、器具の使い方を再度確認しておくと、実験をスムーズに行うことができると思います。

てこの学習では、楽しそうに**実験**を行っていました。てこについて、力点や作用点の位置をどのように変えると楽にてこを持ち上げることができるのか、復習をしておくとよいでしょう。

水溶液の学習では、一生懸命**実験**を行っていました。各水溶液の特徴について、表でまとめるなどして覚えておくと、さらに理解が深まり、学習が楽しくなると思います。

◆「思考・判断・表現」に関わる文例

特性キーワード 実験計画を立案／学習をもとに根拠をもって予想／生活経験をもとに予想／電気の消費量を少なくする方法について思考／実験結果を発表

植物の体の働きの学習では、根、葉、茎の断面をタブレット端末で撮影・記録し、その記録をもとに水の通り道について自分の考えを明確に述べることができました。

物の燃え方と**空気**の学習では、燃やす働きのある気体を調べるために、**実験計画**をしっかり考えて実験を行いました。実験結果から酸素が物を燃やす働きがあると結論付けることができました。

電気の使い方について、光センサーや音センサーなどを組み合わせてさまざまなプログラミングをつくり、グループのみんなに上手に発表することができました。

呼吸の学習では、吸う前と吐いた後の空気の違いについて、学習したことをもとに根拠のある予想を立てることができました。結果の数値から、一部の酸素が体内に取り込まれると結論付けました。

水溶液の学習では、タブレット端末で実験結果の写真を比べながら、考察する習慣が付いています。意見交換の場でも写真の記録を根拠にして分かりやすく伝えることができました。

植物の体の働きの学習では、水の通り道について、生活経験をもとに予想することができました。実験結果から水の出口についても予想し、次の実験計画を考えることができました。

月の見え方の学習では、モデル実験の結果から、月と太陽との位置関係を正確に捉えていました。半月や満月のときについて、その様子を再現しながら友達に発表することができました。

地層ができる仕組みの学習では、学習したことをもとに予想を立て、「流水の作用によって地層ができる」と考えました。計画を立てモデル実験を行い、地層の仕組みについて考えを深めました。

てこの学習では、てこが水平に釣り合う決まりについて、結果を正確に捉え、その決まりを発見することができました。実験器具を用いながら、友達にその決まりを詳しく説明することができました。

電気の使い方の学習では、電気の消費量を少なくするための方法を幾つも考えることができました。人が通ったときに電気がつく仕組みについて、そのプログラムを作ることができました。

炭酸水の泡の正体を探る活動では、自分で実験計画を立てて実験を行うことができました。実験結果から、「泡の正体は二酸化炭素である」と結論付け、友達に堂々と発表することができました。

物の燃え方の学習では、すすんで学習に取り組みました。生活経験をもとに予想を立てる習慣をつけ、学習に取り組む姿勢が身に付くと、さらに成績向上が期待できるでしょう。

燃焼前と燃焼後の**空気**を調べる**実験**に、真剣に取り組んでいました。タブレット端末の実験結果の表や友達の発表カードをもとに空気の違いについて再確認するとさらに定着が図れそうです。

てこの働きの学習では、楽しんで**実験**に参加していました。問題に対する考察の書き方については、タブレット端末の友達の発表カードを参考にすると、より良いものになるでしょう。

地層の学習では、モデル**実験**に一生懸命取り組みました。実験結果からいえることを、学習したことをもとに考える習慣が身に付くように、今後も声掛けを続けていきます。

電気を作る学習では、楽しそうに学習に取り組んでいました。電気を効率的に使うには豆電球より LED がなぜ良いのか、**実験**結果をもとにじっくりと考えて、説明できるようにしておきましょう。

水溶液の学習では、**実験**結果に目を輝かせて活動していました。妥当な考えを導き出すことができるように、実験結果をもとによく考えることを意識して、学習に取り組んでいきましょう。

◆「主体的に学習に取り組む態度」に関わる文例

特性キーワード 工夫しながら意欲的に実験／意欲的に調査／プログラミングに興味関心／繰り返し実験／意欲的に実験に参加／身の回りの科学現象に興味関心

物の燃え方の学習では、酸素と二酸化炭素に興味をもつことができました。**家庭学習**では自分でそれらの気体の成分についてタブレット端末で調べ、分かりやすくまとめていました。

物の燃え方の学習では、ろうそくを燃やし続けさせるために、率先してアイデアを考えて**実験**しました。学習したことが、バーベキューのコンロと同じ仕組みであることに気付くことができました。

電気の使い方について、効率良く電気を使うためにはどうすればよいか、自分でさまざまなプログラミングを行いながら考え、SDGs の視点で物事を考える姿勢が素晴らしいです。

血液の働きの学習では、自分の体の脈拍をすすんで調べていました。自分の生活経験から「運動する前と運動した後の脈拍の違いが知りたい」と意欲的に活動することができました。

水溶液の性質の学習では、酸性・アルカリ性に興味をもちました。液の性質によって色が変わる物質をタブレット端末でたくさん調べ、クラスのみんなに紹介していました。

葉のでんぷんを探る学習では、興味をもって実験に取り組むことができました。「他の植物にもでんぷんがあるのか調べたい」といろいろな葉でも実験を行っていました。

太陽と月の学習では、太陽についてとても意欲的に調べていました。太陽の周りの惑星についても関心をもち、自主学習で自分でノートにまとめ、興味を広げていました。

火山や地震の学習では、災害から身を守る方法について、友達と積極的に話し合っていました。調べている際に、身の回りに災害に備えるための工夫がたくさんあることに気付き、とても感心していました。

てこの学習では、身の回りの道具にてこの仕組みがたくさん使われていることにとても興味をもつことができました。自分からすすんで文房具などを調べ、てこの仕組みを探していました。

電気の使い方の学習では、プログラミングに興味をもつことができました。自分の思い通りに明かりをつけるために、さまざまなセンサーを使って、何度も実験を行っていました。

水溶液の学習では、すすんで活動できました。身の回りの水溶液を調べる学習では、「これは酸性かな？」と自分で予想を立ててたくさんの水溶液を調べるなど、意欲的に授業に参加していました。

理科の学習にはいつも真剣に取り組んでいます。実験結果について、文字のみはではなく、タブレット端末で撮影した写真を使ってまとめるようにすると、苦手意識が改善されると思います。

呼吸の仕組みを調べる学習では、楽しんで実験を行っていました。実験がうまくいかないときは、その理由をしっかりと考えて、再度実験できるとさらに思考が深まっていくことでしょう。

いつも観察や実験に楽しんで参加しています。地層の成り立ちについて、タブレット端末の映像やアニメーション映像を使って復習すると、さらに興味関心を深めることができると思います。

太陽と月の学習では、一生懸命学習に励んでいました。調べ学習において、興味をもって自らすすんで資料を見つけて調べることができるように、サポートしていきたいと思います。

てこの学習では、支点や力点、作用点の位置を確認しながら実験をしていました。自分から積極的に活動に参加し、理科の楽しさを感じてもらえるように、今後も支援を続けていきます。

水溶液の学習では、酸性やアルカリ性の性質についてリトマス紙で調べることができました。学習したことをもとに、身の回りの物にも興味を広げることができると良いでしょう。

3 「学習面の特性」に関わる文例
（5）音楽に関わる所見文

◆ 「知識・技能」に関わる文例

特性キーワード 曲想や音楽の構造を理解／リコーダーで2つのパートを演奏／和音の種類を理解／歌詞を意識して歌唱／卒業式でピアノ演奏

音楽を聴いて、その曲の曲想や音楽の構造に気付くことができました。オーケストラの楽器編成や響きの特徴についても正しく理解しました。特に指揮者に関心をもったようです。

デジタルコンテンツを用いて音楽を繰り返し聴き、その曲の曲想や音楽の変化に気付くことができました。オーケストラの楽器編成や響きの特徴についても正しく理解しました。

「ラバース・コンチェルト」の学習では、**リコーダー**で2つのパートを**演奏**することに挑戦しました。また、「星の世界」の学習では、和音の種類に注意しながら**鑑賞**することができました。

ハ長調の楽譜を見て、呼吸や発音の仕方に気を付けて、自然で無理のない響きのある歌い方で歌おうとしていました。二部合唱では声が重なる全体の響きを聴きながら歌うことができました。

曲の雰囲気を、音楽を形作っている要素や歌詞の内容と関連づけて捉えることができました。また、歌詞の内容にふさわしい表現の仕方に気をつけ、響きのある声で歌うことができています。

習っている**ピアノ**を生かして**卒業式**での伴奏を引き受け、学年全体の歌声に合わせて弾いてくれました。他の友達も歌いやすいよう息を合わせ、素敵な**合唱**となりました。

自分の**演奏**に一生懸命で、各パートの楽器の音色や響きと演奏の仕方との関わりについて理解するのに難しさを感じていました。重なり合う音の響きを聴き合うようにアドバイスしていきます。

曲の変化について感じることができ、音楽の構造との関わりにも目を向けることができています。さまざまな楽器の音の重なりや旋律の変化を感じ取り、自分の言葉で相手に伝えることもできました。

◆「思考・判断・表現」に関わる文例

特性キーワード 曲全体を味わいながら鑑賞／音楽の特徴について発表／主旋律と副次的な旋律の関係性を意識して演奏／楽器の材質が違う響きを生むことを踏まえて演奏

「木星」の**鑑賞**では、**オーケストラ**の楽器のいろいろな音色を味わって聴き、曲全体にわたる曲想を感じ取ることができました。デジタルコンテンツを用いて各楽器の**演奏**の仕方も理解しました。

鑑賞の学習では、曲全体を味わって聴いている姿が印象的でした。1楽章と2楽章の雰囲気の違いなど、全体を見通しながら、曲の面白さについて友達に発表することができました。

雅楽「越天楽」を**鑑賞**し、楽器の音色や曲想を感じ取りました。日本音楽の生み出す良さや面白さを感じ取りながら、聴き取ったことと感じ取ったこととの関わりについて考えることができました。

日本の音楽、八橋検校作曲「六段」を**鑑賞**する時間では、日本音楽の特徴を見つけ、発表することができました。他の友達が気付かなかったことに注目するなど、鋭い観察力があります。

最高学年となり、主旋律と副次的な旋律の関係性を意識した**演奏**ができるようになりました。2つの旋律が呼びかけ合ったり重なったりする面白さを感じ取りながら表現しました。

さまざまな楽器を使って音楽づくりをした際には、即興的に音を組み合わせて表現することができました。木、金属、皮などの材質の違いから生まれる響きの違いにも耳を傾けることができています。

器楽合奏「風を切って」ではオルガンを担当し、音の長さをきちんと守って**演奏**することができました。どのように演奏するか思いや意図をもてるようになると、より素敵な演奏になると思います。

器楽**合奏**の学習では**オルガン**を担当し、音の長さをきちんと守って**演奏**することができました。楽曲に対する思いをもてるようになると、より素敵な演奏になると思います。

◆「主体的に学習に取り組む態度」に関わる文例

特性キーワード 友達と協力しながら曲づくり／リズムが難しい合唱を繰り返し練習して克服／率先して話し合いをまとめる／日常生活との関わりを主体的に検討

グループでの合奏では、パートの役割や旋律の特徴に合う楽器を選び、豊かな響きで**演奏**しました。友達と協働して演奏を工夫することで、達成感を味わうことができました。

グループでの**合奏**では、友達と協力しながら曲を作り上げることができました。そうした経験を通して、協働して音楽活動をする楽しさを感じられたようです。

卒業式の「旅立ちの日に」の**合唱**練習の際、リズムが取りにくい部分があり苦戦していましたが、同じパートの友達と懸命に練習したおかげできれいな歌声で歌うことができました。

音楽会で発表する「情熱大陸」の**合奏**で、工夫して**演奏**する場面を話し合い、率先して話をまとめてくれました。みんなの楽器を把握し、短い時間の中で決まったので、楽器練習の時間が増えました。

「花」の**鑑賞**では、作曲者「滝廉太郎」についてタブレット端末を活用して詳しく調べました。合唱の演奏形態にも興味をもち、日本の歌の魅力を感じ取って聴くことができました。

「春の海」の学習では、真剣に楽曲に耳を傾けている姿が印象的でした。学習後に家族で行ったホテルで「春の海」が流れていたと話すなど、日常生活との関わりも考えることができました。

「詩と音楽の関わりを味わおう」では人々が大切にしてきた歌を味わい、詩と音楽との関わりに興味をもちました。さらに友達と協働して取り組むことができるよう支援していきます。

鑑賞の学習では、好みの明るい曲調の楽曲をとても楽しんで聴いていました。生活の中にあふれるさまざまな音楽に主体的に関わることで、日々の生活がより豊かになるでしょう。

3 「学習面の特性」に関わる文例
（6）図画工作に関わる所見文

◆「知識・技能」に関わる文例

特性キーワード 異なる材料の特質を踏まえて工作／色彩豊かに描写／クランクの動きを理解／水が滴り、留まる様子を粘土で再現／カッターナイフを上手に使用／材料と対話

「木と金属でチャレンジ」では、今までの経験や身に付けた技能を総合的に生かすことができました。異なる材料を、材料に適した道具で巧みに組み合わせ、ユニークな作品ができました。

「わたしのお気に入りの場所」では、タブレット端末で大好きな遊具を構図を考える材料として何枚も写真に撮っていました。構図や奥行を意識して、色彩豊かに表現することができました。

「くるくるクランク」では、クランクの動きの特徴をよく理解し、ペンチの使い方にも慣れ、二つの仕組みを組み合わせていました。複雑な動きを生かした作品は、友達からも絶賛されていました。

「水の流れのように」では、アジサイの花と葉っぱから水が滴り、溜まる様子をイメージしながら角度や深さを工夫していました。粘土の扱いに慣れ、滑らかに水が流れるような作品ができました。

「水の流れのように」では、水の滴る様子を表現するのに、効果的な粘土の形や傾きを考えながら作ることができました。本当に水が流れる様子が想像できる作品画像は、クラスの手本となりました。

「光の形」では、カッターナイフを上手に扱い、新しい材料のスポンジを複雑な形に切る様子は、目を見張るものがありました。材料の組み合わせと光による変化を工夫して表すことができました。

「感じて考えて」では、手や体全体で材料の感触や特徴をよく捉えることができ感心しました。今までの知識を散りばめつつ、材料と対話しながら、自然の雄大さを伸び伸びと表現していました。

「わたしはデザイナー12さいの力で」では、教科書を見ながら道具の使い方を復習したり、友達の表現方法を参考にしたりしながら、自分の作品に愛着をもちながら作ることができました。

「いろどり、いろいろ」では、新しい描画材料との出合いに最初は戸惑っていました。友達の製作の過程を動画や写真で共有する時間を取ってからは、多様な表し方を試すことができました。

「言葉から想像を広げて」では、イメージする表現方法を見つけるために、ヒントコーナーや用具コーナーを活用していました。コンテやクレヨンなど用具を使い分け、表し方を工夫できました。

◆「思考・判断・表現」に関わる文例

特性キーワード 試行錯誤しながら創作／空間に働き掛けながら創作／光の効果を試行錯誤しながら思考／経験を活かして工作／視点を変えて独創的なアイデアを考案

「バランス・アンバランス」では、重く固く見えるように削ったり色を塗ったりしたものを上に、小さく軽そうなものを下に配置し、試行錯誤しながらアンバランスなバランスをひらめきました。

「入り口の向こうには…」では、今までの経験を生かして、空間に働き掛ける姿が見られました。友達と一緒に発想や構想を繰り返し、どんどんパワーアップしていく空間と笑顔が印象的でした。

「きらめき劇場」では撮影した画像を確認しながら、光の当て方や色の組み合わせ方など、試しながら発想を広げていました。友達と何度も試してはつくり変える姿が印象的でした。

「きらめき劇場」では、今まで経験した材料を生かして、光の効果でどう映るかを試行錯誤しながら、位置や置くものを考えていました。うまくいったときには、友達と嬉しそうな笑顔を見せていました。

「ひびき合う形と色を求めて」では、スチレンボードでの板づくりや経験を生かした刷りを繰り返しました。スタンプやひっかきを大胆に試しながら、卒業に向かう心情を表現することができました。

「ドリーム・プロジェクト」では、「環境に優しい学校」というテーマで、見通しをもって取り組めました。色や形、表現方法を工夫し、プログラミング的思考を働かせて活動していました。

「1まいの板から」では、板を無駄なく使う工夫や板の厚みを考えた設計図は、クラスの手本となりました。ちょうつがいを使うアイデアで、生活を豊かにする作品を丁寧に仕上げました。

「学校へようこそ」では、自分が1年生だったら…と視線を低くして、イメージを膨らませる姿が見られました。アイデアが思いついてからも、何度も1年生の目線で見直す姿が見られました。

「今の気持ちを形に」では、途中で活動が行き詰まり、へらと手動のろくろを使い始めました。偶然生まれた形からアイデアがひらめき、友達の「いいね」の一言で、自信をもって表現できました。

「時空をこえて」では、タブレット端末で行きたい場所を調べたり、昔の様子を調べたりすることで、具体的なイメージを広げることができました。画像をヒントに表し方を考えることができました。

「時空をこえて」では、タイムマシーンと好きなラグビーをキーワードに言葉で思いを整理することで、生き生きとしたイメージをもつことができました。オリジナルの発想が光っていました。

◆「主体的に学習に取り組む態度」に関わる文例

特性キーワード グループ内で主体的に話し合い／生活の中にある日本の美術に興味関心／積極的に創作のアイデアを提案／墨で思い切り描くことを楽しむ

「みんなのお話、始まるよ」では、お話の構成から絵の配色まで、グループの友達と誠実に話し合って決める姿が見られました。できた作品を1年生に披露して喜ばれ、うれしそうでした。

「龍を見る」では、日本や諸外国の美術作品に触れ、表し方や文化の違いに気付けました。振り返りカードに「日本の芸術品を見る目が変わった」と書くなど、**鑑賞**を通して作品の見方を深めました。

「わたしの感じる和」では、タブレット端末で美術作品を探したり、共通点を考えたりしました。友達と意見交換をする中で見方・考え方を深め、受け継いでいきたいという気持ちをもてました。

「わたしの感じる和」では、生活の中にある日本の美術に興味をもち、たくさん紹介してくれました。海外で注目されていることにも触れ、受け継いでいきたいという気持ちをもつことができました。

「思い出のあの場所に」では、水や風、光の変化も表現にプラスして素晴らしかったです。活動の前と途中と最後で写真を撮影して「変化」に焦点を当て、友達に発表できました。

「思い出のあの場所に」では、奥行きや色や形のバランスを考えながら、積極的にアイデアを出し、活動を楽しむ姿が見られました。色の濃さや大きさで6年間の成長を表現できました。

「音のする絵」では、友達の作品の良いところや自分の作品と違うところに注目し、それぞれの良さに気付けました。次の自分の作品にどう生かすという視点を常にもっています。

「墨から生まれる世界」では、「いろどり、いろいろ」の経験を生かし、墨で描くことを思い切り楽しむことができました。墨の濃淡や描くスピードで表現される印象が違うことに気付けていました。

「夢の新製品」では、自分のアイデアを友達に話すことに躊躇していましたが、友達の自由な発想に触れ、また友達に褒められてから、さらに発想を広げ、自信をもって表現できるようになりました。

「未来のわたし」では、友達にポーズをとってもらってうまく表せた経験を思い出し、モデル人形を使う方法を思いつき試しました。人形を何度も動かし、ポーズが決まりうれしそうでした。

「固まった形から」では、活動に入る前にWeb上で作品を鑑賞し、作りたい物や用意する材料を一緒に考えました。いつもの悩む姿は見られず、夢中になって作品づくりに取り組みました。

3 「学習面の特性」に関わる文例
（7）家庭に関わる所見文

◆「知識・技能」に関わる文例

特性キーワード 栄養バランスを考えた献立を考案／調理用具を安全に使用／汚れ方に適した掃除／材料に合わせた調理／ミシンの正しい使い方を理解

朝食づくりの**調理実習**では、炒める調理法で朝食に合うおかずを栄養バランスも考えて作ることができました。調理の際は、フライパンを安全に取り扱うこともできていました。

「クリーン大作戦」では、**掃除**する場所の汚れやごみの種類をタブレット端末で撮影し、その場所に合った掃除の仕方を考え、汚れに合わせて工夫しながら取り組むことができました。

日頃から「すみずみまできれいにする」という意識で**掃除**に取り組むだけでなく、**家庭科**「クリーン大作戦」の掃除の実践においても、汚れ方に適した掃除の仕方をすることができました。

「こんだてを工夫して」では栄養バランスの良い一食分の献立について考え、端末のスライドを使って献立を作成し、班での話し合いをもとに自分の献立を修正することができました。

どのような食品を組み合わせて食べると栄養バランスが良いかを考え、一食分の献立を立てることができました。**調理実習**では手際よく作業し、材料に合わせたゆで方や炒め方ができました。

ミシンの使い方を理解し、出来上がり線に合わせて直線縫いをすることができました。目的に応じて、飾りを付けたり、名前の刺繍をしたりすることもできました。

調理実習では、朝食の献立に悩んでいましたが、タブレット端末を使って簡単にできる朝食を調べ、おかずを作ることができました。友達と協力して、安全に気を付けて実習することができました。

調理実習では、手順や切り方を教科書で確認したり、友達に教えてもらったりしながらおかずを作ることができました。徐々に包丁の扱いに慣れ、安全に気を付けて切ることができました。

ゆっくりではありますが、課題に最後まで取り組めるようになりました。**家庭科**では、友達に工程を聞いたり、ミシンの使い方を確認したりして、丁寧に縫い上げることができました。

◆「思考・判断・表現」に関わる文例

「クリーン大作戦」では、デジタル掲示板を使って、なぜ**掃除**をするのかという課題や家庭で調べてきた掃除の仕方について班で話し合い、実践の計画を考えることができました。

自分の生活時間を振り返り、そこから課題を見つけることができました。課題解決に向けて、時間の使い方を見直し、有効な使い方や工夫できることはないかを考えることができました。

なぜ**掃除**をするのかという課題について、自分の考えを発表することができました。掃除の仕方の工夫について家庭で調べ、汚れに合わせた掃除の仕方を実践することができました。

生活の中で使っている袋を踏まえ、入れる物に合わせた袋の大きさを考え、必要な布の大きさや手順を調べて計画を立てることができました。手順に沿って計画的に製作することができました。

「すずしく快適に過ごす住まい方」では、暑い日を快適に過ごすために工夫していることを調べ、家庭で実践したことを端末のスライドでまとめて発表することができました。

涼しく快適な住まい方について調べる中で、環境にも配慮した住まい方についても目を向けることができました。自分の経験を踏まえ、暑い季節を快適に過ごす工夫を考えることができました。

「生活時間をマネジメント」では、端末のスライドで1日の時間の使い方を作成し、友達との話し合いから課題に気付き、改善のためにどのようなことができるかを考えることができました。

友達との話し合いから、自分の生活時間の課題に気付き、改善のためにどのようなことができるかを考えることができました。より良い生活のために実践しようという意欲が見られました。

◆「主体的に学習に取り組む態度」に関わる文例

特性キーワード 授業で学んだことを家庭で実践／作業の流れを踏まえて手際よく調理／朝食に合うおかずを主体的に調査／環境に配慮した工夫に興味関心

高い所の**掃除**をしやすいように、不要な布を使ってはたきを自作して、汚れに合わせて掃除の仕方を工夫することができました。家庭でも実践してより良い掃除の仕方を考えることができました。

「こんだてを工夫して」では、栄養を考えた食事に関心をもち、実践したことをもとに、家族のために一食分の献立を考え、調理計画を立てることができました。

調理実習では、家庭で事前に手順を確認して取り組むことができました。作業の流れを頭に入れていたことで、周りに手順を教えたり、手際良く調理を進めたりすることができました。

「できることを増やしてクッキング」では、**調理実習**を活かして、炒めてできる朝食のおかずを家庭でも実践することができました。実践した写真を使って、スライドにまとめることができました。

朝食に合うおかずにはどんなものがあるかを書籍や**インタビュー**で調べ、栄養バランスも考えたおかずを作ることができました。家庭での実践も継続して行い、生活に生かすことができました。

自分の生活と身近な環境の関わりを考える中で、物やエネルギーの使い方や、人や環境に配慮した工夫について興味をもち、持続可能な社会のためにできることを発表することができました。

「持続可能な社会を生きる」では、環境に配慮した生活の工夫について、インターネットで調べたり、友達の意見を参考にしたりしながら、自分ができることをまとめました。

自分のことや家庭のことだけでなく、地域の人々との関わりにも目を向けることができました。友達の意見を参考にしながら、自分が地域でできることを考えることができました。

（8）**体育に関わる**所見文

◆ 「知識・技能」に関わる文例

特性キーワード　マット運動で正確に演技／鉄棒が得意／走り幅跳びで自己記録を更新／正確なボール操作／イメージを広げながら表現運動

マット運動では側方倒立回転で学習したことをもとに、見本動画を何度も見ながらロンダートの練習を重ね、できるようになりました。身に付けた技を友達とシンクロさせながら発表しました。

マット運動では、側方倒立回転で学習したことを応用しながら、ロンダートの練習を重ね、成功させることができました。身に付けた技を友達と組み合わせて演技することができました。

鉄棒運動では、補助具を使って練習を重ね、後方支持回転ができるようになりました。後方膝掛け回転でも、膝をかけるタイミングや背中の伸ばし方をみんなに話してくれました。

鉄棒運動では、補助逆上がりでの体の動かし方を意識して練習することで、逆上がりができるようになりました。膝掛け上がりでも、勢いのある回転のつけ方のコツをつかむことができました。

跳び箱運動では、かかえ込み跳びの練習として何度もステージへ跳び乗る動きを重ねました。自分の動画を見ながら、腰を高く上げることを意識して練習を重ね、かかえ込み跳びを成功させました。

跳び箱運動では、かかえ込み跳びの練習として何度もステージへ跳び乗る動きを練習しました。腰を高く上げることを意識して練習することで、かかえ込み跳びを成功させることができました。

走り幅跳びでは、自分の動画とお手本の動画を見比べ、遠くまで跳ぶためのポイントを見つけながら練習しました。踏み切りから着地までの姿勢を考えながら跳ぶことで、自己記録を更新できました。

走り幅跳びでは、遠くまで跳ぶためのポイントを押さえながら練習しました。自分に合った助走の距離やリズム、踏み切りから着地までの姿勢を考えながら跳ぶことで、自己記録を更新できました。

水泳の学習では、大きなストロークでしっかりと水をとらえたクロールができます。バタ足も足の付け根から足先まで力の入ったキックを行うことができ、みんなの見本となりました。

水泳の学習では、けのびの姿勢に手と足、息継ぎを組み合わせてクロールの練習を行いました。より長い距離を泳げるように一つ一つの動きを丁寧に行い、ゆったりとしたクロールができました。

バスケットボールでは、正確なボール操作ができました。攻守入り交じったゲームの中で冷静に考え、フリーの味方へパスをしたり、得点しやすい場所へ移動し、シュートしたりすることができました。

ソフトバレーボールでは、正確なボール操作で味方が受けやすいようにボールをつないでいました。すばやくボールの落下地点へ移動し、相手が捕りにくい場所を考えて返球することもできました。

表現運動では、感情などの目で見ることのできないものの特徴を捉え、イメージを広げながら表現していました。初め、中、終わりの構成を意識したひとまとまりの動きを表現することができました。

跳び箱運動のかかえ込み跳びでは、床での閉脚跳びを行い、感覚を高めました。膝の引き上げ方が良くなり、跳び箱の間に張ったゴム紐を越すことができました。あと3cmで跳び箱を跳ぶことができます。

水泳運動では、平泳ぎの練習に励み、手と足それぞれの動かし方ができるようになってきました。水の中で一連の動作を補助してもらいながら繰り返し練習しました。

ソフトボールでは、捕球の練習を一生懸命行うことで、ボールの飛んでくる方向へ移動したり、優しく投げられたボールを手に当てたりすることができるようになってきました。

◆ 「思考・判断・表現」に関わる文例

グループで工夫して運動／課題を見つけ練習を工夫／ICT機器を使って比較・検討／友達にアドバイス／作戦に応じてチームの中の役割を理解

長縄跳びでは、8の字跳びの連続記録を更新するために、跳び位置や入る方向、抜ける方向を友達と議論しながら練習方法を提案しました。その結果、クラスの記録を更新することができました。

体つくり運動では、自分の体力に応じて運動の課題や行い方を工夫することができました。体の動きを高めるための活動として、グループで工夫した運動を友達に紹介することができました。

マット運動では、自分の課題に適した場を選ぶことができました。友達の動きを観察し、課題を見つけるだけでなく、課題解決のためにどのような練習をするべきかアドバイスをしていました。

跳び箱運動では、台上前転と頭はね跳びの違いをICT機器を使って比較し、運動のコツを見つけることができました。課題解決の仕方を考え、学習カードに図を使いながらまとめていました。

保健の学習では、病気を予防するためには生活改善が必要だと考え、書籍やネットで調べたり、養護教諭にインタビューしたりして、生活改善案を作成しました。その内容を学年集会で発表しました。

ハードル走では、友達に教えてもらった課題をもとに、解決に向けて練習の仕方を工夫していました。工夫した内容を振り返りの時間で発表し、友達の課題解決に役立たせることができました。

走り高跳びでは、友達に教えてもらった課題を受け入れ、玉入れの球を歩幅に合わせて置き、歩幅と歩数の大切さに気付き、記録を更新することができました。友達にも丁寧にアドバイスできました。

走り高跳びでは、自分の動きと見本となる動きをデジタルカメラで比較することで、助走のリズムに課題があることに気付き、一度高さを下げて練習するなど基本に立ち返ることができました。

水泳運動では見本動画を見たことで、長く泳ぐためには「伸び」が大切だと気付きました。平泳ぎの口伴奏「手かいて、キックして、伸びる1、2、3」を考え、そのリズムを発表してくれました。

水泳運動では、平泳ぎで長く泳ぐために必要な課題を見つけ、より少ないストローク数で遠くまで泳ぐ練習を行いました。グループでの活動では、泳ぐことが苦手な友達にアドバイスをしていました。

バスケットボールでは、自分のチームの長所を生かせる作戦を考えることができました。考えた作戦を動作や言葉、タブレット端末などを用いてチームの仲間に的確に伝えることもできました。

タグラグビーでは、タグを取るためにはチームワークが大切だと気付き、数名で追い込みながらタグを取る方法を考えました。ホワイトボードで念入りに作戦を確認し、取り組んでいました。

表現運動では、表したい題材にふさわしい動きになっているかを、グループで話し合ったり見合ったりする中で課題を見つけ、どのようにするべきかを伝えることができました。

マット運動では「技ができればよい」という段階から、「技の仕組みや成功の秘訣は何か」など課題意識をもって取り組めるようになりました。分かったことを皆に伝えるなどもしていました。

短距離走・リレーでは、バトンパスの受け渡しを成功させるために、友達の協力を得ながらスタート位置を確かめることで、自分に何が足りないのか考えることができるようになりました。

表現運動では、フォークダンスの作られた由来や背景を聞いたり、映像を見たりすることで、フォークダンスのイメージを広げることができるようになりました。

◆「主体的に学習に取り組む態度」に関わる文例

特性キーワード グループ活動で積極的に発言／主体的に準備・片付け／意欲的に自己記録更新に挑戦／友達と助け合って練習／気持ちを込めて表現

体つくり運動では、友達と協力しながら積極的に取り組むことができました。グループでの活動では意見が分かれたときに司会者役となり、公平に話を聞きながら上手にまとめてくれました。

体つくり運動では、友達と協力しながら積極的に取り組むことができました。グループでの活動では、運動の行い方について自ら意見を言ったり、友達の意見を認めたりしていました。

マット運動では、課題解決に向けて失敗をしても諦めず、倒立前転の練習を続けました。同じグループの友達と助け合いながら取り組み、班の全員ができるようになりました。

マット運動では、課題解決に向けて失敗を繰り返しつつ、何度も試行錯誤しながら取り組みました。一緒に練習する友達に対して、褒めたり慰めたりするなど、思いやりのある姿が見られました。

跳び箱運動では、準備や片付けなどきまりを守って安全に取り組むことができました。グループでの見合う活動の際には、観察の仕方や役割などに注意しながら友達と助け合うことができました。

ハードル走では、コースの準備や片付けを友達と協力しながら主体的に行いました。うまくリズムがつかめない友達には、走っている際に大きな声で口伴奏を言ってあげていました。

走り幅跳びでは、自己記録を少しでも更新できるようにと積極的に取り組みました。自分や友達が跳んだ後に次の人が安全に気持ち良く跳べるように、砂場整備をすすんで行ってくれました。

水泳運動では、安全を最優先に考え、先のことを見通してテキパキと行動することができました。グループでの活動を通して、一緒に上達することの喜びと楽しさを味わうことができました。

バスケットボールでは、チームのみんながシュートを決められるように練習や作戦、声かけなどを行いました。上手くプレーができなくても、落ち込むことなく最後まで取り組むことができました。

タグラグビーでは、チームのみんなに励ましの声をかけ、ミスがあっても笑顔で盛り上げていました。ノーサイドの精神に則り、試合後には相手チームの健闘をたたえることができました。

表現運動では、表したいイメージになるよう積極的に練習し、気持ちを込めてなりきって踊ることができました。友達の発表を見て、自分とは異なる表現の仕方を認めていました。

ハードル走に苦手意識があり消極的でしたが、友達が意欲的に取り組む姿を見て粘り強く取り組めるようになりました。その結果、40mハードル走のタイムを2.5秒も縮めることができました。

タグラグビーでは当初、ゲームの中での動き方が分からない状況でしたが、チームの仲間からアドバイスや励ましの言葉をもらうことで、意欲的に取り組めるようになってきました。

表現運動では当初、みんなの前で踊ることに抵抗があり、自信をもてない様子が見られましたが、活動していく中で心と体がほぐれ、積極的に取り組めるようになってきました。

3 「学習面の特性」に関わる文例
(9) 外国語に関わる所見文

◆ 「知識・技能」に関わる文例

特性キーワード　将来の夢についてやりとりの仕方を理解／日本の良さを伝える表現を理解／自分の得意なことを表現／友達に自己紹介／現在と過去の表現の違いを理解

「My Future,My Dream」の学習では、将来の夢について夢宣言カードをスライドで作成し、友達の前で堂々とプレゼンテーションすることができました。

「Let's go to Italy.」の学習では、行きたい国やその理由についてタブレット端末にまとめました。友達や ALT との会話の中で、各国の良さを英語を通じて理解していました。

「What are you good at?」の学習では、得意なことを表す語句の意味を理解し、自分の得意なことをクラスの友達の前でスピーチすることができました。

「I like my town.」の学習では、自分の住む地域にどんな施設があるのかを紹介するのに必要な表現を理解し、自分の町の良さを**プレゼンテーション**することができました。

「Tell me about yourself.」の学習では、自己紹介に関する表現や好きなこと、できることを伝える表現を理解し、多くの友達に英語で自己紹介をすることができました。

「My summer vacation」の単元では、現在と過去を表す表現の違いを理解しました。自分の経験を含めて、夏休みの思い出を過去形を用いて友達と会話することができました。

「Summer Vacation in the World.」の単元では、現在と過去を表す表現の違いに気付き、夏休みの思い出をデジタル教科書の例を参考にして話すことができました。

「What do you want to be?」の学習では、友達のなりたい職業について尋ねたり、答えたりしながら、将来の夢について表す表現に慣れ親しみました。

「Can you 〜?」の学習では、「できること」「できないこと」を尋ねる表現を使って情報を集め、「He can 〜.」と、友達のことを紹介する表現に慣れ親しむことができました。

◆「思考・判断・表現」に関わる文例

特性キーワード 代名詞を適切に使って表現／表現を使い分けながら会話／現在形・過去形の違いを理解して会話／自分の町についてプレゼンテーション

「Let's go to Italy.」の学習では、行きたい国とその理由をより魅力的に伝えるために、有名なものを伝える順序を工夫しながら**プレゼンテーション**をすることができました。

「Can you 〜?」の学習では、使う単語によって表現が少し異なることに気付き、それらを使い分けながら友達のできることを尋ねたり、答えたりすることができました。

「My summer vacation」の学習では、現在のことを表す表現と過去を表す表現の違いに気付き、夏休みの思い出を過去形を使って友達に話したり、聞いたりすることができました。

「Let's think about our food.」の学習では、クラスの友達に好みを尋ねたり、栄養素を考えたりしながらそれに合ったオリジナルカレーを英語で提案しました。

地域の良さを紹介する単元では、自分の町の良さについて英語で**プレゼンテーション**しました。伝える順番を工夫したり、友達といいところを伝え合ったりして考えを深めることができました。

友達紹介をする単元では、今まで学習した語句を用いた3ヒントクイズを考えました。ヒントの順番を工夫し、みんなが盛り上がるような難易度にしようと一生懸命取り組んでいました。

「My summer vacation」の学習では、デジタル教科書の絵カードを参考にして夏休みの思い出を友達に伝えました。ペアで「It was 〜」と感じたことも伝えられました。

将来の夢や職業についての学習では、友達に助けてもらいながら、夢を宣言するスピーチを考えました。自分らしさを出すために、分からない単語をALTに聞きながら取り組みました。

◆ 「主体的に学習に取り組む態度」に関わる文例

特性キーワード ALT に自ら質問／友達の話をしっかりと聞く／英語であいづち／友達の発表後に質問／既習事項を積極的に活用

「This is me.」の学習では、ALT のスピーチから外国の文化に興味をもち、積極的に質問したり、分からない言葉をタブレット端末で検索したりしながら意欲的に学んでいました。

「My summer vacation」の学習では、自分の夏休みの思い出と比較するために、友達が話している内容をうなずきながら聞き、話の内容を捉えようとしていました。

「Let's go to italy.」の学習では、行きたい国の魅力をさまざまな言葉で伝えようと、タブレット端末を使って教科書以外の表現も調べ、友達に伝えることができました。

将来の夢や職業についての学習では、夢を宣言するスピーチの中に、自分の経験を入れるなどの工夫が見られました。友達の発表の後に質問することもあり、意欲的に取り組む姿が目立ちました。

「夏休みの思い出」の単元では、友達と自分の過ごし方を比較しながら聞くことができました。発表の後には、「Do you like ～?」と質問するなど、意欲的に取り組みました。

日本の文化を紹介する単元では、ALT に日本の良さを伝えるため、自分の好きな日本の行事、食べ物、遊びについて外国と比較しながら理解を深めました。

「This is me.」の学習では、グループの友達に助けられながら、自己紹介に使う言葉を選び、自分のことを友達に伝えたり、友達のことを知ろうとしたりしました。

自分の町を紹介する単元では、教科書の例を参考にしたり友達と協力したりしながら、自分の町に当てはめて考え、英語でのコミュニケーションを取ろうとしていました。

3 「学習面の特性」に関わる文例
(10) 特別活動に関わる所見文

◆ 「知識・技能」に関わる文例

特性キーワード 学級委員として活動／学級会で発言／下級生と共に活動／修学旅行の実行委員として活動／放送委員として活動

「なりたい自分の実現に向けて」の時間に、将来の夢を実現させるために必要なことを考えました。今できること、これからやるべきことを整理し、コツコツと努力することの大切さに気付きました。

学級委員や**実行委員**など、代表やリーダーにすすんで立候補し、意欲的に活動しました。クラスのためにより良い方法を考え、アイデアを出すなど、常にベストを尽くす姿勢は大変立派でした。

学級会では、自分の考えの根拠を明確にして発言したり、友達の考えを聞いたり補ったりすることができました。新たな視点で考えを発表することで、話し合いの質を高めていました。

１年生のお世話活動では、目線の高さを合わせて優しく声を掛けている姿がたくさん見られ、微笑ましく思いました。１年生を褒めたり、笑顔で教えたりしながら上手に関わりをもちました。

修学旅行の実行委員に立候補し、熱心に活動しました。調べ学習で分かったことを端末のスライドにまとめ、みんなにプレゼンしたことで、訪問地への関心を高めるきっかけづくりをしました。

クラブ活動では、自分が楽しむことを優先してしまうことがありましたが、リーダーになることで、下級生も一緒に楽しむために自分ができることは何かを考えられるようになりました。

卒業を前に不安な様子が見られましたが、「もうすぐ中学生」の学習で小学校生活を振り返り、できなかったことができるようになった自分に気付くことができました。中学校での活躍が楽しみです。

◆「思考・判断・表現」に関わる文例

特性キーワード 自分の意見を分かりやすく発表／学級のことを考えて行動／自ら課題を発見し解決／友達と話し合いながら合意形成

> 「自分の良さを見つけよう」では、友達からの意見で自分も気付いていなかった良さに気付き、自信につなげることができました。良さを伸ばすためにできることをしようという意欲をもちました。

> 子ども祭りでは、最高学年として全学年が楽しめるためにどうしたらよいかを考えることができました。学習した内容を生かした歴史劇のシナリオを書き上げ、クラスの出し物を盛り上げました。

> クラブ活動紹介のポスターづくりでは、コンピュータクラブのことを詳しく知ってもらうための工夫を考え、積極的にアイデアを出しました。掲示されたポスターは、下級生の目に留まる見事な仕上がりでした。

> 学級会では、自分の意見と比較しながら友達の意見をしっかり聞くことができました。より良くするために、双方の良いところを合わせた意見を考え、発表しました。

> 給食委員として残菜の多さに目を向け、解決策を考えました。給食ができるまでの過程や残った給食がその後どうなるのかを全校に分かるよう動画にまとめて発表し、全校への意識づけを図りました。

> 委員会やクラブ活動では、下級生に教えたり、より楽しくなる工夫をしたり、最高学年としての役割を果たしながら活動しました。下級生からの信頼も厚く、頼れるリーダーでした。

> SNSでの友達とのトラブルから、正しい使い方について考えました。普段の言葉遣いや送信する前の確認など、自分の行動や言動を振り返り、できることをやっていこうとする姿勢が見られました。

> 修学旅行では、社会生活のマナーについて考えました。守るべきルールは、学校生活でも社会生活でも同じであることに気付くことができたので、今後の生活に生かせるよう励ましていきます。

◆「主体的に学習に取り組む態度」に関わる文例

特性キーワード 休日に生き物を持ち帰って世話／委員会や係の仕事に積極的／委員長として自分の意見を堂々と発表／困っている下級生を主体的にフォロー

全校の本の貸し出し点数の少なさに課題意識をもち、**代表委員会で読書キャンペーン**の実施を提案しました。最高学年として、全校の課題に目を向けている姿勢に感心しました。

生き物係として、金魚のえさやりや水槽掃除など、**係活動に意欲的に取り組みました。休日には家に持ち帰って世話をし、生き物**を大切にする行動は立派でした。

実行委員や計画委員など、代表となる役割にすすんで立候補したり、**委員会や係の仕事を積極的に行ったり、意欲的に生活しました。最高学年としての意識の高まりを感じました。

保健委員として、全校児童の健康を守ろうと意欲的に活動しています。感染症対策に必要なことを調べ、学校、クラス、個人それぞれで実践できることをスライドにまとめ、**全校集会**で発表しました。

保健委員会の委員長に立候補し、責任感をもって仕事をしています。学校保健委員会では、アンケート結果を踏まえ、委員長として自分の意見を堂々と発表しました。

入学したての1年生との交流では、お世話をする期間が過ぎた後も1年生の教室に行き、困っている子がいないかを気にかけていました。最上級生としての行動に感心しました。

学級委員への立候補をきっかけに、「クラスのために」と考えて行動するようになってきました。人のためになることをして感謝される喜びを知り、友達と上手に関われるようになりました。

リーダーになるという苦手なことを克服しようと、**学級委員**に立候補しました。みんなのためにできることを考え、自分から行動しようという意欲をもち、友達と協力しながら取り組みました。

「特別の教科 道徳」
「総合的な学習
の時間」
の所見で使える文例

・

このPARTでは、「特別の教科 道徳」「総合的な学習の時間」
の所見で使える文例を紹介します。

1 「特別の教科道徳」の文例

特性キーワード

努力の大切さを認識／集団の中で役割を果たす／自然環境を守る／友達を信じる／目標に向かって努力／誠実に生きる／伝統や文化を守る／個性や長所を生かす／生命を大切にする／情報機器のルールを尊重／気高く生きる

「志を立てる」の学習では、「松下幸之助さんは努力をして成功した。ぼくも目標をもって努力をしたい」と記述し、努力することについて考えを広げていくことができました。

「ひきょうだよ」の学習では、「いじめられる人の苦しみを知り、いじめは絶対にしてはいけないと強く思った」と記述し、差別や偏見なく平等に人と接することについて考えることができました。

「友達だからこそ」の学習では、登場人物の考え方を学級全体で話し合い、自分の経験に照らし合わせて、本気で思い合える友達について考えを深め、自分の考えをまとめることができました。

「応援団の旗」の学習では、集団の中で役割を果たすことについて「しっかり意見を言って、みんなと会話することが大事」と発言し、自分の生き方について考えを深めることができました。

「藤前干潟を守る」の学習では、「リサイクルするごみはできるだけリサイクルする」と記述し、どのように判断・行動するとよいのか、さまざまな視点から考えることができました。

「フラスコで育てた花」の学習では、「木の枝をむやみに折ったり、踏んだりしないようにして、環境を守る」と記述し、自然環境を大切することについて考えを広げていくことができました。

「世の中のためになることをしたい」の学習では、石橋正二郎さんの生き方について話し合い、強い意志をもち、努力し続けることの大切に気付き、将来の夢について考えをまとめることができました。

「父の言葉」の学習では、「相手の気持ちを考えて行動することが大切だと分かった」と記述し、思いやりに関する新たな気付きをこれからの自分の生活に生かそうと考えることができました。

「ブランコ乗りとピエロ」の学習では、ピエロの心の変容について話し合い、自分の経験から登場人物の思いを考え、広い心をもつことの良さについて自分なりの考えをまとめることができました。

「友達だからこそ」の学習では、登場人物の考え方について学級全体で話し合い、自分の経験に照らし合わせて友達と信じ合うことについて共感しつつ、自分の考えを深めることができました。

「人生を変えるのは自分」の学習では、自分の経験から登場人物の思いを学級全体で話し合い、目標に向かって努力することについて自分なりの考えをまとめることができました。

「その思いを受けついで」の学習では、「家族から愛されていることを感じ、この大切な命をもらえた自分は幸せだ」と記述し、これからの自分の生き方について考えを深めることができました。

「絵地図の思い出」の学習では、登場人物の考え方について話し合い、男女関係なく友情を高めていく必要があることに気付き、友達関係をより良くしていこうとする意識をもつことができました。

「青い海を取りもどせ」の学習では、「少しでも誰かの役に立つなら、すすんで働けばいいと思った」と記述し、働くことの良さを今後の生活につなげていく意欲を高めることができました。

「手品師」の学習では、「誠実に生きるためには目の前の約束を守り、自分に正直に生きていることが大切だと分かった」と記述し、誠実に生きることの大切さについて考えることができました。

「六千人の命のビザ」の学習では、「みんなのためになることをしたいと思いました」と記述し、自分の信念や良心にしたがって行動することの大切さについて深く考えることができました。

「おじいちゃんとの約束」の学習では、登場人物の考え方に共感しつつ、自分の経験に照らし合わせて自分や**生き物**の命の大切さについて深く考え、自分の考えをまとめることができました。

「七十八円の命」の学習では、登場人物の考え方に共感しつつ、自分の経験に照らし合わせて自分や**生き物**の命の大切さについて深く考え、意見を述べることができました。

「ぬくもり」の学習では、自分の個性や長所を生かすには、人によってさまざまな見方や考え方があることに気付き、自分の短所は改善し、長所は伸ばしていこうとする意欲をもちました。

「青い海を取りもどせ」の学習では、友達の意見を受け入れながら、学級・家族・地域・社会のために働くことの大切さについて、いろいろな見方や考え方ができることに気付きました。

「うばわれた自由」の学習では、王子とガリューの考え方について話し合い、自分勝手と自由の違いを考え、自分の良心にしたがって考えて行動することが自由であることに気付くことができました。

「礼儀作法と茶道」の学習では、自分の経験から登場人物の思いを学級全体で話し合い、礼儀正しく真心をもって接することの大切さについて、自分の考えをまとめることができました。

「ぼくの名前呼んで」の学習では、「自分も家族もみんな大切だと思った。育ててくれてありがとう」と記述し、学級全体の話し合いを通して、親や自分に対して敬愛の念を深めることができました。

「その思いを受けついで」の学習では、自分にも生命を大切にしようとする心があることに気付き、家族の支えによって大切にされ、支えられていることを感じ取ることができました。

「生かされている『大切な命』」の学習では、生命を大切にするということは、その生命を輝かせてより良く生きるということであることを知り、意欲的に生きていくことの大切さを実感できました。

「食事中のメール」の学習では、携帯を気にする生活について改善すべき点を学級全体で話し合い、食事のマナーなど基本的な生活習慣は心身の健康をより良くすることに気付くことができました。

「山中伸弥先生の快挙」の学習では、自分自身には長所と短所の両面があり、長所は伸ばそうとする態度、短所は課題として改善していく努力が大切であることに気付くことができました。

「天から送られた手紙」の学習では、中谷宇吉郎の姿勢から真理を求める態度を大切にし、何事に対しても探究し続けることの大切さに気付くことができました。

「雨上がりの朝に」の学習では、感染症が不安な病院で働く家族との関係を学級全体で話し合い、自分の原点が家族にあることを知り、家族の一員として生活していこうと考えることができました。

「情報について考えよう」の学習では、情報機器の使用のルールについて学級全体で話し合い、自ら守れるようにすすんで行動することの大切さに気付くことができました。

「ひたすらに、自分の心に従って」の学習では、棟方志功の支え合い助け合おうとする人々の善意に感謝する心を考え、自他を尊重する温かな人間関係を築くことの大切さに気付くことができました。

「究極の理想『平和』を求めて」の学習では、新渡戸稲造がすすんで国際親善に努めた理由を考え、それぞれの国の伝統や文化に愛着や誇りをもって生きることの大切さに気付くことができました。

「卒業に向けて」の学習では、卒業を前にできることを学級全体で話し合い、自分の行動に責任をもてるように、自律的で責任のある行動について自分なりの考えを深めることができました。

「百一才の富士」の学習では、奥村土牛の生き方から美しいものとの関わりを通して、感動、畏敬の念を深め、人間としてのあり方を見つめ直すことの大切さに気付くことができました。

「うばわれた自由」の学習では、自由と自分勝手との違いや、自由だからこそできることについて考え、自律的で責任のある行動について自分なりの考えをまとめることができました。

「米百俵」の学習では、長岡藩を発展させたいという小林寅三郎の思いについて学級全体で話し合い、自分が住む町への理解と愛情を深めることの大切さに気付くことができました。

「よりよく生きる喜び」の学習では、弱さをどう克服するかについて話し合い、気高く生きようとする心が自分にもあることを知り、未来に向かって強く生きようとする考えをもつことができました。

「人生を変えるのは自分」の学習では、偉人（先人）の生き方を学級全体で話し合い、困難を乗り越える人間の強さについて考え、夢や希望をもつことの大切さに気付くことができました。

2 「総合的な学習の時間」の文例

◆「知識・技能」に関わる文例

特性キーワード 留学生との交流／地域の植物を長期調査／日本古来の伝統を理解／地域の消防団との対話／ホタルの復活に取り組む／障がい者との交流／布ぞうりづくり

「世界の人と仲良くなろう」では、留学生との交流から、他の国にも日本と同じく、その国に根差した文化があって大切にしていることを学びました。異なる文化を尊重する態度が養われました。

「地域植物マップ」では、1年を通して地域の**植物**を調査しました。タブレット端末を活用して写真や表で分かりやすく資料をまとめ、身近な自然環境の変化や地域にある植物の良さに気付きました。

「お茶」では、お茶の魅力を伝える活動をしている方が、熱い思いを持って活動していることに気付きました。目標達成に向けて思いを行動に移すことの大切さを知り、行動力が育ちました。

「町音頭」では、音頭の先生との交流を通じ、日本古来の伝統の魅力を理解しました。町が大切にしてきた音頭を継承し、広めようという課題に向けて、見通しを持って活動する力が育ちました。

「地域防災」では、地域の消防団の方とすすんで対話をしました。地域の安全や防災のためにできることを実行していこうとする姿勢が随所で見られ、地域の一員としての自覚の高まりを感じました。

「町写真展」では、プロカメラマンとの交流から、働く人々は夢や誇りをもって役割を果たしていることを理解しました。自分の生き方を真剣に考えようとする態度が養われました。

「ニュースポーツ」では、高齢者の方との交流を通して、スポーツは相手との関係性を深め、人と人とをつなげられることに気付きました。スポーツに対する見方や考え方に変化が見られました。

「布」の学習では、古着をリデュースして布ぞうりを作りました。環境保全の実現に向けて、リユースやリサイクルについても興味をもって発展的に学習を進め、自分の生活に生かそうとしました。

「ホタル」では、50年前まで町にいたホタルを復活させる活動に取り組みました。区役所の方との対話から、環境改善に取り組む人は、願いをもって組織的に取り組んでいることを理解しました。

「世界の人と仲良くなろう」では、留学生に何を伝えればいいのか友達と相談しました。いくつかの案から、日本の伝統行事や暮らしのマナーを選び、調べたことを留学生に発表しました。

「町音頭」の学習では、当初は苦手意識があり、受け身の姿勢が見られましたが、慣れてくるにつれて音頭の魅力に気付いた様子が見られ、自分なりの動きで楽しむことができました。

「ニュースポーツ」では、多様な人と関わろうと考えながらも、障がい者との交流会では行動に移せずにいました。しかし、会を重ねるにつれて、手伝いや声掛けをする場面が増えてきました。

「布」では、手づくりサークルの方から、古着を使った布ぞうりの作り方を学びました。環境を守るための一つとして、リユースという方法があることを知りました。

◆「思考・判断・表現」に関わる文例

留学生に伝える方法を試行錯誤／ビオトープを地域の人と共に管理／障がい者を支えるための課題について検討／アンケート調査を実施し集計／相手意識をもって活動

「世界の人と仲良くなろう」では、自分の住む町について、留学生に分かりやすく伝えるための方法について試行錯誤を重ねました。相手意識をもって活動することの大切さを知りました。

「地域防災」の学習では、地域防災の課題について、地域や自分たちが取り組むべきことをまとめ、**学習発表会**で発表しました。自分にとって必要な情報を的確に調べ、まとめる力が養われました。

「学校の自然」では、ビオトープを持続的・発展的に管理しようと考え、在校生や地域の方々に理解と協力を呼び掛けました。目標達成に向けて、周囲と協働的に活動する態度が身に付きました。

「町音頭」では、音頭を広め継承させるにどんなオリジナルの音頭を作ればよいか、アンケート調査の結果をもとに考えました。課題達成に向けて、現状を把握・分析して取り組む力が育ちました。

「お茶」では、お茶の魅力を地域に広めるために何が必要かを考え、インターネットや書籍を通じて情報の収集に取り組みました。課題解決に向けて、情報を収集・選択・活用する力が養われました。

「町写真展」では、実際の写真展の会場を見学して、展示物の配置や会場の雰囲気などが見る人の感じ方に影響することに気付きました。第三者の目を意識して、活動する姿勢が身に付きました。

「ニュースポーツ」では、多様な人たちを支えるという目標の達成に向けて、課題を把握し、解決の構想を立てることができました。見通しをもって課題解決に向かう力が育ちました。

「布」の学習では、古着を利用して布ぞうりを作りました。うまくいかないときには、自分で失敗の原因を見つけ、試行錯誤しながら完成させました。粘り強くやり遂げる姿に成長を感じました。

「世界の人と仲良くなろう」では、日本の文化を留学生に伝える方法について友達と話し合いました。友達にリードされながら、自分たちだからこそできる発表方法を考えました。

「学校の自然」では、校内のビオトープを守っていくために、在校生に理解と協力を呼び掛けました。苦手意識のあった発表も、タブレット端末で写真を見せながら友達と一緒に全校発表をしました。

「町音頭」の学習では、音頭を町の人に広めるために、アンケート調査を実施しました。タブレット端末での集計方法を友達に教えてもらいながら、必要な情報を得て、まとめることができました。

◆ 「主体的に学習に取り組む態度」に関わる文例

特性キーワード 各国の文化に興味関心／消防署の人に積極的に質問／お茶文化を広めるためのお茶会を開催／ホタル復活のために行政に働き掛け／専門家に相談し実践

「世界の人と仲良くなろう」では、外国の方々の協力を得て、外国の料理を作って食べました。食材や食べ方、気候、風土などの違いに気付き、各国の文化に対する興味関心が深まりました。

「ニュースポーツ」では、障害のある方々との交流から、地域の一員として多様な人たちを支えていこうとする意欲が高まりました。誰もが楽しめる交流会を企画し、計画的に実行しました。

「地域防災」では、消防署を訪問し、地域防災における問題点や防災力を高めるために必要なことを積極的に質問しました。地域防災の充実に向けて自分に何ができるかを真剣に考える姿が見られました。

「お茶」では、地域にお茶の文化を広めるためにお茶会を開きました。準備では、学級から出た多様な意見を受け入れる姿が見られ、友達と協働的に活動する態度が育ちました。

「町音頭」では、音頭の先生のアドバイスを受けながら、学級の友達と試行錯誤を重ね、オリジナルの音頭を作成しました。協働して物事を作り上げることで、満足感を得ることができました。

「町写真展」の学習では、写真撮影に興味をもち、意欲的に活動しました。写真家から教えてもらった知見を生かして課題に向き合い、一枚一枚の写真を心を込めて丁寧に撮影しました。

「学校の自然」では、校内にビオトープを造るために、自分たちの企画や設計に専門家から何度もアドバイスをもらいました。課題達成に向けて、粘り強く挑戦する態度が養われました。

「竹」では、切って捨てている校内の竹に課題意識をもち、身近なものから無駄使いを防ぐためのアイデアを学級で出し合いました。活動を通して、協働的な学習の良さや意義を感じ取りました。

「ホタル」の学習では、町の川にホタルを復活させるために、町の湧き水を利用する方法を考え、行政に働き掛けました。どうすれば課題が達成できるかを考えて、主体的に取り組めました。

「世界の人と仲良くなろう」では当初、外国の方々との間に意識的な壁がありました。しかし、表情や仕草で気持ちを伝えるなど、自分なりの方法を見つけて少しずつ交流ができるようになりました。

「町音頭」では、音頭で町を盛り上げるとの目標を持ちました。当初は人前で踊ることが恥ずかしそうでしたが、オリジナルの音頭が完成すると、町の人と交流しようとする場面が増えていきました。

「お茶」の学習では、お茶の魅力を伝えるためにお茶会を開き、座席の準備や食器洗いなどの役割を担いました。難しいことができなくても、自分にできることから取り組むことの大切さに気付きました。

索 引

児童の「活動内容」「活動場面」「学習内容」から検索いただけます。

執筆者一覧

●編著

小川　拓
（共栄大学准教授／元埼玉県小学校教諭）

1970年、東京都生まれ。私立、埼玉県公立学校教諭・主幹教諭を経て、2015年度より共栄大学教育学部准教授。2007年度から埼玉県内の若手教職員を集めた教育職人技伝道塾「ぷらすわん塾」、2015年より「OGA研修会」（教師即戦力養成講座）等にて、若手指導に当たっている。主な図書に『効果2倍の学級づくり』『できてるつもりの学級経営9つの改善ポイント―ビフォー・アフター方式でよくわかる』『子どもが伸びるポジティブ通知表所見文例集』（いずれも学事出版）他がある。

●文例執筆者（50音順）

井上　　勉（神奈川県横浜市立東台小学校）

井上　博子（埼玉県入間市立狭山小学校教頭）

岩川みやび（共栄大学教育学部准教授）

大澤　　龍（埼玉県和光市立第五小学校）

小畑　康彦（埼玉県さいたま市立大成小学校教頭）

髙橋　健太（在ロシア日本大使館附属モスクワ日本人学校）

髙橋　美穂（埼玉県上尾市立大谷小学校）

竹井　秀文（愛知県名古屋市立楠小学校）

千守　泰貴（静岡県東伊豆町立稲取小学校）

中山　英昭（埼玉県上尾市立東小学校主幹教諭）

原口　一明（元埼玉県公立小学校校長）

船見　祐幾（埼玉県さいたま市立栄小学校）

細野亜希子（埼玉県上尾市立西小学校）

溝口　静江（元神奈川県公立小学校主幹教諭）

※所属は2023年1月現在のものです。

●企画・編集

佐藤 明彦（株式会社コンテクスト代表取締役、教育ジャーナリスト）

新版 子どもが伸びるポジティブ通知表所見文例集
小学校6年

2023年4月1日　新版第1刷発行

編　者　　小川　拓

発行人　　安部　英行
発行所　　学事出版株式会社
　　　　　〒101-0051　東京都千代田区神田神保町1-2-5
　　　　　電話　03-3518-9655
　　　　　HPアドレス https://www.gakuji.co.jp

制作協力　株式会社コンテクスト
印刷・製本　精文堂印刷株式会社

落丁・乱丁本はお取り替えします。
ISBN978-4-7619-2904-6 C3037 Printed in Japan